MON SÉJOUR

AUPRÈS

DE VOLTAIRE.

DE L'IMPRIMERIE DE J. GRATIOT.

MON SÉJOUR

AUPRÈS

DE VOLTAIRE

ET

LETTRES INEDITES

que m'écrivit cet homme célèbre jusqu'à la dernière année de sa vie.

Par COME ALEXANDRE COLLINI,

Historiographe et Secrétaire intime de S. A. S. l'Électeur Bavaro-Palatin, et membre des Académies de Berlin, de Mannheim, de l'institut de Bologne, etc.

Ouvrage posthume contenant des anecdotes et des particularités peu connues sur la vie privée et sur les Œuvres du plus célèbre écrivain du 18e. siècle, augmenté de plusieurs lettres inédites de Voltaire à l'Electeur palatin, au comédien Lanoue, à Mlle. Dumesnil, et de quelques lettres de madame Denis, sa nièce.

L'amitié d'un grand homme est un bienfait des Dieux.
VOLT. *Œdipe*.

A PARIS,

Chez LÉOPOLD COLLIN, Libraire, rue Git-le-Cœur, n°. 4.

1807.

NOTICE
SUR M. COLLINI.

« Mon secrétaire est un florentin, très-
» aimable, très-bien né, et qui mérite
» mieux que moi, d'être de l'académie *della*
» *Crusca* ».

Voilà ce que disait Voltaire de l'auteur de ces Mémoires, dans une lettre qu'il écrivait en 1756 à son ami M. Thiriot. Il en parle ailleurs tout aussi avantageusement, entr'autres dans le siècle de Louis XIV, et dans le Commentaire historique.

Lorsque M. Collini passa au service de l'Electeur Palatin, ce prince s'exprima à son sujet, en écrivant à Voltaire, dans les mêmes termes que celui-ci avait employés dans sa lettre à M. Thiriot.

On ne peut rien ajouter à ces illustres suffrages. L'éloge de M. Collini se trouve, d'ailleurs, dans les écrits qu'il a laissés, et dans les monumens encore existans des services qu'il a rendus à la Cour palatine. L'amitié dont l'honorèrent l'électeur Charles Théodore, et l'auteur de la Henriade, déposent en faveur de son esprit et de ses qualités. Le premier était parmi les Souverains ce que Voltaire était dans la Littérature. Ces titres seuls appellent, sur M. Collini, l'attention et l'estime.

Sa vie se trouve presque toute entière dans ces Mémoires et dans les notes qui accompagnent les lettres de Voltaire. M. Collini a eu le talent de parler de lui-même sans affaiblir l'intérêt du récit ; sa modestie lui a donné de la concision toutes les fois qu'il a rapporté quelque détail personnel ; il est d'ailleurs sans cesse auprès de son héros, et fait partie essentielle du tableau. Nous ne pouvons donc que suppléer à ce qu'il a omis et faire connaître plus exactement qu'il ne l'a fait les services qu'il a rendus aux arts et à la littérature.

(iij)

M. Collini naquit à Florence le 14 octobre 1727 ; ses premières études donnèrent, pour l'avenir, de si grandes espérances, que ses parens le destinèrent au barreau. Cette profession exige d'avance un travail pénible et épineux ; le jeune étudiant se sentit entraîné par d'autres goûts ; les belles-lettres, et principalement l'histoire, fixèrent son attention. L'impulsion du génie est toujours plus forte que l'autorité paternelle. Le père du grand Racine voulait que son fils fût chanoine : M. Arouet prétendait que le sien devait être conseiller au parlement ; aussi Voltaire a-t-il écrit dans la vie de Molière. « On a remarqué que
» presque tous ceux qui se sont fait un nom
» dans les beaux arts, les ont cultivés mal-
» gré leurs parens, et que la nature a tou-
» jours été en eux plus forte que l'éduca-
» tion ».

On verra dans le cours de ces Mémoires comment, après la mort de son père, M. Collini, emporté par le désir de s'instruire et la passion des voyages, sortit de la Toscane et se rendit à Berlin par la Suisse et l'Allemagne. Il conduit rapidement le lecteur à l'époque intéressante qui le fixa auprès de Voltaire. Ce grand homme alors l'occupe entièrement ; son séjour en Prusse, son départ, ses différentes stations à Leipsig, à la cour de Saxe-Gotha, à Francfort, à Mayence, à Mannheim, à Strasbourg, sa longue résidence à Colmar, enfin son établissement auprès du lac de Genève, sont écrits avec tout l'intérêt que l'on doit attendre d'une pareille matière. Le lecteur sera sans doute indulgent pour le style, il se rappellera que l'auteur était Italien et habitait depuis quarante ans l'Allemagne, lorsqu'il rédigea ces Mémoires.

M. Collini a parlé de tous les ouvrages de Voltaire qui ont passé par ses mains ; mais il a tu une particularité connue seulement de sa famille et de ses amis ; c'est la part qu'il eut aux *Annales de l'Empire*. Ses connaissances en histoire, les laborieuses recherches qu'il fit dans diverses bibliothèques, les renseignemens qu'il donna à l'auteur sur les faits et sur les dates, la rédaction du manuscrit, les soins qu'il apporta à l'impression, tandis que Voltaire était aux eaux de Plombières, doivent lui déférer une bonne partie de l'estime accordée à cette production. Cette circonstance ajoute au mérite de M. Collini, sans rien ôter à la gloire de Voltaire.

On voit que cet estimable auteur ne peut être accusé d'orgueil. Il le sera encore moins lorsqu'on lira l'aveu naïf et franc qu'il fait des inconséquences et de quelques torts qui furent, au bout de cinq années, les causes de sa séparation d'avec Voltaire. Ce fut une séparation et non une brouillerie; car le grand homme ne cessa d'avoir pour lui de la bienveillance et de l'amitié. Il sollicita en sa faveur à la Cour palatine, parvint à lui obtenir un emploi auprès de l'Electeur, et lui donna, jusqu'à la fin de sa vie, des marques d'attachement et d'estime.

Les connaissances de M. Collini, ses mœurs, son esprit, son affabilité surtout, le firent chérir de l'Electeur comme il l'avait été de Voltaire. Ce prince savait apprécier et récompenser les talens; aussi M. Collini en reçut-il toute sa vie des marques de bienveillance et d'estime. Il fut nommé historiographe, secrétaire intime, et directeur du cabinet d'histoire naturelle de Mannheim.

Avant l'arrivée de M. Collini à la Cour palatine, ce cabinet se réduisait à un très-petit nombre d'articles, rangés sans ordre ni méthode. Il fut bientôt considérablement augmenté par les soins de son directeur, et devint une des plus intéressantes collections de l'Europe. Les connaisseurs en histoire naturelle et les étrangers y admirèrent la richesse unie à un arrangement éclairé.

M. Collini fut membre de plusieurs académies. Il fut l'un des premiers de celle de

Mannheim, établie en 1763, et réunie ensuite à celle de Munich. L'académie des amis scrutateurs de la nature, celle de Berlin, l'institut de Bologne, la société botanique de Florence, et l'académie des arcades de Rome s'aggrégèrent ce savant, estimable autant par ses lumières que par sa politesse, et une tournure d'esprit à laquelle on ne pouvait refuser de l'amitié.

Ce ne fut point sans titres qu'il obtint ces honneurs et ces récompenses. M. Collini travailla toute sa vie à l'histoire politique et à celle de la nature.

On a de lui plusieurs ouvrages, entre autres un excellent *discours sur l'histoire d'Allemagne*. Cet écrit est le fruit des études auxquelles il se livra pour fournir à Voltaire les élémens des Annales de l'Empire. M. Collini est aussi l'auteur d'une *dissertation historique et critique, sur le prétendu cartel envoyé par Charles Louis, électeur palatin, au vicomte de Turenne*, et d'un *précis de* l'histoire du Palatinat du Rhin. On trouvera dans le cours de la correspondance, à la suite des mémoires, une lettre de Voltaire sur la dissertation au sujet du cartel; ce grand homme en parle aussi avec estime dans le siècle de Louis XIV; il y rend justice à M. Collini, sans partager son opinion sur un point d'histoire qui n'a jamais été parfaitement éclairci.

Les travaux de M. Collini en histoire naturelle, sont : le *Journal d'un Voyage minéralogique sur le cours du Rhin*; cet ouvrage est devenu plus précieux depuis la réunion à la France des provinces conquises que traverse ce fleuve. Il est entre les mains de plusieurs naturalistes de Paris, et jouit en Allemagne d'une considération méritée. M. Collini a donné aussi des *Mémoires sur les montagnes volcaniques*, et des *Remarques sur la pierre élastique du Brésil, et sur les marbres flexibles* qui sont conservés à Rome dans les palais de Monseigneur le *Prince Borghèse*, *beau-frère de l'Empereur des Français*. Ce dernier écrit est remarquable et par le sujet, et par la manière dont l'auteur l'a traité.

Nous ne devons pas oublier un exposé de la capitulation de Mannheim, fait par M. Collini, en 1794, à l'effet de réfuter les reproches qui furent faits à son souverain pour cette capitulation. Il s'est montré, dans cet ouvrage sujet zélé, et connaissant les intérêts qui devaient porter sa Cour à une liaison intimes avec la France. Le tems et les événemens ont justifié la solidité des vues contenues dans cet écrit.

M. Collini fut en correspondance avec plusieurs personnages célèbres de son tems. On a trouvé dans ses papiers des lettres de Buffon, de Valmont de Bomare, et de feu madame la margrave de Bade, femme d'un grand mérite, qui possédait des connaissances étendues en littérature et en histoire naturelle, et qui était membre de l'Académie de Mannheim.

Parmi les ouvrages de M. Collini, il faut distinguer celui qui a pour titre : *Lettres sur les Allemands*. Il a paru anonyme en 1784, à Mannheim. Il renferme un examen judicieux de l'état de l'Allemagne, du caractère et de l'esprit de la nation. A cette époque où on était loin de prévoir les événemens qui devaient renverser la constitution Germanique, l'auteur de ces lettres indiquait les vices de cette constitution, et prédit, pour ainsi dire, ce qui devait arriver. Cet ouvrage fut loué par les Allemands, parce que les éloges et la critique étaient également justes et que la solidité des vues ne permettaient pas d'accuser l'historien de prévention. Les lettres sur les Allemands forment un volume, et l'auteur s'occupait à former le second sur la littérature de l'Allemagne, qu'il avait annoncé dans le premier, lorsque la mort le surprit au milieu de ses travaux.

Six ou sept ans après la publication de ces

lettres, il parut un ouvrage en allemand intitulé, autant que l'Editeur peut se le rappeler, *Lettres d'un Voyageur Français* : cette édition n'était autre chose qu'un de ses hardits plagiats, si communs dans la littérature. On avait traduit la production de M. Collini, et il n'y avait de différence entre ces deux livres, que le titre et la suppression de quelques lettres dans la version allemande.

M. Collini est mort à Mannheim en 1806. Il sera toujours regretté par sa famille, par ses amis, et par tous ceux qui ont été à portée de connaître son mérite et ses vertus sociales.

Les habitans *du Palatinat* se souviendront toujours avec plaisir et reconnaissance, de l'ardeur et du zèle qu'apporta M. Collini à préserver des désastres de la guerre, les établissemens de sciences et d'arts qui existaient dans la ville de Mannheim. Ses efforts furent couronnés du plus heureux succès, et ce ne fut pas en vain qu'il implora en faveur des précieux dépôts qui lui étaient confiés, la protection d'un héros qui, au milieu de ses victoires rapides, ne perd jamais de vue l'instruction publique et la prospérité des Nations.

A. C.

PRÉFACE.

La vie de Voltaire a été écrite par des littérateurs, dignes de retracer la longue et brillante carrière du plus illustre écrivain du dix-huitième siècle (1); plusieurs d'entre eux ont mérité de voir leurs ouvrages à côté de ceux de cet homme célèbre, qui ne les eût point désavoués pour ses historiens.

Voltaire fixa, pendant soixante années, les regards de l'Europe entière; on recevait avec avidité ses écrits et tout ce qui pouvait faire connaître ses discours ou ses actions : aussi ses apologistes n'ont-ils pas manqué de matériaux. Mais ils l'ont presque toujours montré au milieu des princes et des grands, rarement avec ses amis et ses serviteurs : ils ont rapporté les bons mots et les saillies spirituelles qui

---

(1) Condorcet, Duvernet, le marquis de Luchet, La Harpe, Palissot, etc.

donnaient tant de charmes et d'enjouement à sa conversation; ils n'ont pu le faire entendre dans ses rapports avec ceux qui vivaient familièrement près de lui. Ils nous ont fait un portrait fidèle de l'ami de Frédéric, du protecteur des Calas, du philosophe de Ferney, mais ils ne l'ont pas représenté dans ses habitudes intimes et naturelles, s'occupant de ses affaires domestiques, se livrant aux mouvemens de son cœur et descendant quelquefois à ces détails ordinaires de la vie privée qui peignent l'homme mieux que toutes ses actions extérieures.

On trouvera beaucoup de traits de ce genre dans le récit des événemens que je vais tracer. Rien de ce qui se rapporte à Voltaire ne peut être indifférent. Un grand homme, comme une belle femme, ne redoute pas le négligé, et l'on aime à l'y voir.

J'ai rédigé cette relation sur des notes, en forme de journal, recueillies pendant cinq années consécutives de séjour auprès de Voltaire. J'y ai joint les lettres familières qu'il m'écrivit, toutes de sa main, depuis l'instant où je me séparai de lui, jusqu'à la dernière année de sa vie : elles ne peuvent rien ajouter à sa gloire, mais elles donneront sur son caractère, des notions plus exactes, et mettront à découvert son cœur que l'envie et la malignité ont tant de fois injustement noirci. Au déclin de mes jours, au milieu des peines qui m'assiégent, ces lettres font ma consolation; elles me rappellent mes travaux littéraires, l'amitié dont m'honorait cet homme illustre, le plaisir toujours nouveau que je ressentais à me trouver auprès de lui, enfin, les plus beaux momens de mon existence.

J'ai été obligé, pour instruire le lecteur des circonstances qui me firent connaître Voltaire, et de celles qui l'engagèrent à me prendre auprès de lui, de remonter à des tems plus éloignés, et de raconter quelques événemens de ma jeunesse, qui furent la source des vicissitudes que j'ai éprouvées et qui tiennent, comme les premiers anneaux d'une chaîne, à l'époque intéressante qui m'amena auprès de mon protecteur. Né dans la capitale de la Toscane, et depuis long-tems établi en Allemagne, où je laisse un fils et une famille, je leur dois le détail des circonstances qui, après m'avoir fait successivement parcourir le pays des Grisons, le Brandebourg, la France et la Suisse, m'ont fixé dans le Palatinat du Rhin. C'est autant pour ma famille et pour mes amis que pour les gens de lettres et le public, que j'écris ces mémoires : si la curiosité est satisfaite, si l'on voit avec quelque plaisir ce monument élevé à la mémoire de Voltaire, on me pardonnera sans peine d'avoir un peu parlé de moi.

Ecrit à Mannheim en 1800.

CÔME ALEXANDRE COLLINI.

RELATION

RELATION
DE MON SÉJOUR
AUPRÈS DE VOLTAIRE.

Né à Florence, d'une famille de la classe des *Citadins*, je fis mes études en droit à l'université de Pise; j'allais prendre les degrés de docteur et me lancer entièrement dans cette carrière, lorsque la mort de mon père et des arrangemens de famille qui la suivirent, en reculant cet acte solennel, me donnèrent un dégoût invincible pour l'état que j'étais sur le point d'embrasser.

Cet état me fixait irrévocablement et je brûlais de connaître le monde et les hommes: doué d'un caractère vif, d'un esprit avide d'instruction, le cercle étroit dans lequel j'allais être renfermé, contrariait trop mes goûts et mes penchans. J'aimais les belles-lettres; l'histoire surtout faisait particulièrement l'objet de mes études. Chaque jour augmentait en moi le désir de parcourir les pays dont je m'occupais, de mieux connaître les mœurs et les usages des peuples dont j'étudiais les annales.

Je me trouvais dans ces dispositions, lorsque le fils d'un négociant de Livourne, avec lequel j'étais intimement lié, me proposa, pour me distraire de la profonde affliction dans laquelle m'avait plongé la mort de mon père, de faire avec lui, en Suisse, un voyage qu'il projetait depuis long-tems avec un de ses amis. Ce beau pays avait été souvent l'objet de nos entretiens. La position incertaine dans laquelle me laissait la mort de l'auteur de mes jours, les désagrémens que je prévoyais devoir supporter jusqu'à l'époque de mon indépendance, mais surtout les instances de l'amitié, me déterminèrent à accepter cette proposition. J'y trouvais en outre l'avantage de ne rien changer au plan d'économie que l'état de ma fortune me forçait alors d'adopter, mes compagnons de voyage, plus fortunés que moi, devaient en faire les principaux frais. Enfin mes goûts et les circonstances m'affermirent dans ce projet séduisant, et je répétais sans cesse ces paroles d'un Anglais qui ne faisait que voyager : « Il faut bien voir le monde avant d'en sortir. »

J'avais alors vingt-un ans ; tout est illusion à cet âge. Je croyais qu'avec le sentiment de l'honneur, le goût du travail et l'aptitude à bien faire, je pouvais sans crainte, m'éloigner de mes foyers et que partout je trouverais des protecteurs et des amis ; j'ignorais que le mérite et la probité ne produisent rien sans un peu d'adresse et de témérité, que la modestie n'est utile qu'à celui de qui on ne l'espère pas ; et qu'il faut plutôt attendre sa fortune des autres que de soi-même. Ce fut cette erreur fatale qui m'entraîna dans une suite d'événemens fâcheux dont le plus pénible fut celui qui me força de quitter Voltaire, après avoir vécu plusieurs années auprès de lui.

Nous partîmes de Pise, en poste, mes deux compagnons et moi, au milieu de l'été de l'année 1749. Je ne donnai à ma famille aucun avis de mon départ. Nous arrivâmes bientôt à Florence que je ne voulus pas traverser, je craignais d'y être reconnu. Je fis à pied le tour des murs et me rendis vers la porte Saint-Gal qui conduit au grand chemin de Bologne ; j'y attendis mes amis qui devaient changer de chevaux à la poste située au milieu de la ville.

Je me couchai sous un arbre, en attendant

mes compagnons de voyage. Mille réflexions accablantes vinrent alors m'assaillir : j'avais devant mes yeux le berceau de mon enfance, la ville où j'avais été élevé, qui renfermait les êtres les plus chers à mon cœur. Les souvenirs rians du passé ôtaient à l'avenir le charme que lui avait prêté mon imagination ; je ne pouvais penser, sans la plus vive émotion, que j'allais dire à mon pays un adieu peut être éternel. Quel est l'homme assez dépourvu de sensibilité pour quitter, sans attendrissement, les lieux qui l'ont vu naître ? Il est en nous un sentiment qui, comme celui du sang, nous attache à notre patrie, y transporte nos souvenirs lorsque nos passions ou le destin nous en éloignent et dirige vers elle nos pas dès que nous pouvons briser les entraves qui enchaînent notre volonté.

Je commençais à me repentir de ma résolution, et je crois que si mes amis ne fussent bientôt revenus, que s'ils m'eussent laissé plus long-tems livré aux réflexions qui combattaient mes projets, je crois, dis-je, qu'ils ne m'auraient pas retrouvé. Ils arrivèrent enfin, et l'on concevra facilement que l'amour-propre prit le dessus de la raison, et qu'il m'arriva ce qui arrive à presque tous les hommes ; ils craignent moins une fausse démarche que le ridicule, et aiment mieux être faibles pour eux-mêmes, que de le paraître aux yeux des autres. Je montai dans la chaise et nous prîmes la route de Bologne.

Nous arrivâmes à Milan, après avoir visité Modène, Reggio, Parme et Plaisance. De Milan, nous fîmes route vers Come, où nous louâmes une barque pour traverser le lac de ce nom (1). De l'autre côté, nous nous trouvâmes à Riva, dans la Valteline. Nous n'avions de cet endroit qu'environ trente lieues à faire pour arriver à Coire, dans le pays des Grisons, où nous avions le projet de nous rendre. Mais la route en était pénible; il fallait franchir les grandes Alpes Rhétiques (2). Nous prîmes des informations et nous nous déterminâmes à suivre le chemin ordinaire, celui de Splugen.

Le lendemain, au point du jour, nous

---

(1) Il portait chez les anciens le nom de *Lacus Verbanus*.

(2) Drusus et Tibère passèrent par là lorsqu'ils allèrent porter la guerre en Rhétie.

Ce fut aussi par les Alpes Rhétiques que les Cimbres pénétrèrent en Italie.

partîmes de Riva, nous passâmes par Chiavennes, et traversant le territoire de *Campo-Dolcino*, que ses campagnes fertiles et ses sites pittoresques rendent digne de ce nom, nous nous arrêtâmes dans un village près de la source du Rhin, et le jour suivant, de bonne heure, nous traversâmes la montagne de Splugen et le bourg de ce nom. Après quelques heures de chemin, nous entrâmes dans une gorge affreuse qui porte le nom de *Via-Mala*. (1).

Ces montagnes escarpées couvertes de neiges éternelles, et des blocs énormes de rochers, semblent défendre aux hommes de pénétrer au delà ; on croit voir les limites de l'univers. De noirs sapins couronnent ces masses perpendiculaires et ombragent un bras du Rhin qui, roulant avec impétuosité, fait retentir ces lieux sauvages d'un fracas épouvantable, et se fraie un passage à travers les abîmes et les précipices.

Nos guides nous recommandèrent de ne point frapper les chevaux, mais de les laisser marcher à volonté, parce qu'ils sont accou-

___

(1) *Via-Mala*, mauvaise route. Il y a deux chemins pour aller de Riva à Tusis ; tous les deux portent ce nom.

tumés à cette route ; ils nous avertirent aussi de ne pas jeter des éclats de voix, soit pour nous appeler, soit pour essayer des échos. Dans ces montagnes la plus légère commotion donnée à l'air peut occasionner la chute d'une lavanche, et l'on sait que ces terribles éboulemens de neige ensevelissent quelquefois les voyageurs qui n'ont pas pris les précautions que nos guides nous prescrivaient.

Nous entrâmes donc à cheval dans la *Via-Mala*; jamais route (si on peut l'appeler ainsi) n'a été mieux nommée. Que l'on se figure des chemins étroits et raboteux taillés dans le roc, qui tantôt bordent des précipices dont l'œil peut à peine sonder la profondeur, tantôt descendent dans ces abîmes où l'on est entouré de rochers à pic comme de hautes murailles. On rencontre de tems en tems de belles cascades qui tombent en nappes d'eau d'une élévation prodigieuse; mais la crainte succède à l'admiration lorsqu'il faut passer sur des ponts de planches dont les extrémités reposent sur deux rochers séparés par un précipice.

Telle était la *Via-Mala* en 1749; il est à présumer que depuis, on aura rendu ce passage moins difficile. Il n'est rien d'impossible en ce genre à l'industrie humaine, et l'on peut, dans ces montagnes, pratiquer des chemins moins périlleux sans rien enlever à la curiosité des voyageurs.

Après quelques heures de marche nous nous trouvâmes dans un gros bourg nommé *Tusis*; la fatigue nous y arrêta et nous y passâmes la nuit. Nous en partîmes le lendemain et arrivâmes le même jour à Coire, par un chemin assez commode.

Notre premier soin, en arrivant, fut d'aller voir M. de Salis, ministre d'Angleterre auprès des Grisons; il nous combla de politesses. Sa famille, divisée en plusieurs branches et originaire de ce pays, y tenait un rang distingué : l'esprit et la valeur militaire, héréditaires parmi les Salis, leur donnaient une juste considération. Mes compagnons de voyage séjournèrent quelque tems dans cette ville, et la quittèrent pour parcourir la Suisse; je les laissai partir, le plan que j'avais formé et que je voulais suivre, donnait à mon voyage une autre direction.

Les mesures à prendre pour l'exécution de mes projets, exigeaient que je restasse à Coire encore quelque tems. Les mœurs simples des habitans de cette ville, leur affabilité, leur caractère hospitalier m'en rendaient le séjour aussi agréable qu'il pouvait l'être pour un jeune homme éloigné de sa patrie, isolé et séparé de ses amis. Je passais dans la maison de M. de Salis la plus grande partie de mon tems : son épouse, Anglaise de nation, était remplie pour moi, d'attentions et de bontés ; cette dame avait toutes les manières de son pays, elle pensait beaucoup et parlait peu ; son esprit était solide et pénétrant, et son amitié se manifestait plus par des services que par des démonstrations. J'allais quelquefois à l'évêché présenter mes respects au prince évêque de Coire, M. le Baron de Roht, prélat recommandable par son affabilité, sa politesse et son esprit. J'étais occupé aussi de ma correspondance avec ma famille, et mes amis de Florence.

L'Europe retentissait alors du nom de Frédéric II, de sa passion pour les lettres et de la protection qu'il accordait à ceux qui les cultivaient ; dans la nécessité où je me trouvais de choisir un pays où je pusse utiliser mes talens, la Prusse était l'objet de mes vœux et le théâtre sur lequel j'aspirais de me trouver. Une circonstance favorable acheva de me déterminer et dirigea toutes mes démarches vers ce but.

Je me souvins que parmi les différentes

connaissances que j'avais dans ma patrie, était la *Signora M****., liée avec ma famille, et que dans plusieurs occasions elle m'avait montré de l'estime et de l'intérêt ; cette *Signora* avait à Berlin une sœur dont elle m'avait souvent parlé et qui était une des plus célèbres danseuses de l'Europe ; on la connaissait sous le nom de *Barberina* ; elle s'était montrée avec éclat sur les théâtres de Paris et de Londres, et son rare talent lui avait procuré de grandes richesses. J'imaginai que, muni d'une lettre de recommandation pour elle, je ne pouvais manquer de me faire connaître à Berlin ; j'écrivis donc à la signora M***. pour la prier de m'envoyer cette lettre, et à ma famille, pour l'instruire de mes projets et lui demander l'argent nécessaire à mon voyage. Je ne puis m'empêcher ici de réfléchir à la bizarrerie de notre destinée : la mort de mon père et les instances d'un ami, m'empêchent de porter, dans ma patrie, le bonnet de docteur et m'entraînent dans la Suisse : là, incertain dans mes résolutions, entre la France et l'Allemagne, la signora M***. à cent lieues de moi, est cause de mon voyage en Prusse. Sans la connaissance de cette dame j'aurais suivi une autre carrière ; je n'aurais pas connu Voltaire ; je ne serais donc pas venu aux Délices et à Mannheim, où j'ai enfin trouvé le repos. Quelle matière à réflexions!

En attendant que mes parens et la signora M***. m'eussent répondu, je me vis forcé de vivre à plus d'économie. Je quittai l'auberge de la Couronne, où j'avais logé depuis mon arrivée, et qui était trop dispendieuse. J'allai m'établir dans une auberge de l'Evêché, plus modeste et plus conforme à mes facultés.

Ce qu'on nomme à Coire l'*Évêché*, est un grand enclos, entouré de murs, situé sur une élévation à côté de la ville (1). On y entre par une grande porte voûtée, surmontée d'une haute et vieille tour que l'on prétend avoir été bâtie par Jules-César (2). Je ne conteste pas la vérité de cette tradition, mais il existe dans l'Europe tant de tours, de ponts et de monumens attribués à cet empereur romain, que l'on peut raisonnablement con-

---

(1) Les habitans de l'Evêché sont catholiques; ceux de la ville sont de la religion reformée. Malgré cette disparité de religions, ils vivent en fort bonne intelligence.

(2) Cette tour se nomme *Marsoila* (*Mars in oculis*); elle servait, dit-on, de résidence aux préfets romains.

sidérer plus de la moitié de ces ouvrages comme apocryphes. Dans cet enclos on trouve l'église, le palais épiscopal, des maisons occupées en grande partie par des chanoines et des ouvriers. La tour bâtie par Jules-César, était occupée par un aubergiste ; j'allai m'y loger. On me donna, dans la partie la plus élevée, une cellule à laquelle on arrivait par une échelle qu'il fallait monter avec précaution. J'y avais pour voisine, une jeune Engandoise qui avait un procès à l'Evêché, où elle plaidait en séparation ; sa compagnie était souvent pour moi un remède contre l'ennui ; son patois m'amusait singulièrement : elle ne parlait que la langue *romance* (1), qu'avec un peu d'attention, je parvins à entendre passablement ; elle s'efforçait ainsi de m'expliquer son procès.

Enfin, je reçus des réponses de Florence;

___

(1) La langue *romance* ou *romansche* est un mélange d'italien, de latin et d'allemand. On la parle à *Tusis* et dans beaucoup de cantons du pays des Grisons. Elle y a été formée par une colonie de Toscans qui, chassée par les Gaulois, vint s'établir dans la Rhétie. *Tusis* se nommait autrefois *Tuschi*; cette dénomination rappelait aux fugitifs celle de leur patrie perdue.

la signora M***. m'envoyait une lettre pour sa sœur, et des recommandations pour différentes personnes qui habitaient les villes où je devais passer. Je n'oublierai jamais et l'empressement avec lequel elle me rendit ce service, et la grace qu'elle y apporta. Ma-famille approuvait mon voyage et m'adressait une lettre de change suffisante pour le faire agréablement.

Je me préparai à partir; l'idée seule de me trouver bientôt dans les états du Grand Frédéric, me transportait de joie, me remplissait d'impatience, et repaissait mon imagination des plus riantes illusions. Je pris congé de la maison de Salis, où l'on m'avait comblé d'attentions et de bontés, et je partis de Coire après un séjour de six mois, au printems de l'année 1750. Je passai par Mayenfeld, Balzers, Feldkirh, et j'arrivai à Fussach sur le lac de Constance : là je m'embarquai pour Lindau; de Lindau je continuai ma route par Wangen, Memmingen, Ausbourg, Nuremberg, Bamberg, Cobourg et Halle, d'où je me rendis à Berlin, après avoir fait deux cent lieues.

Mon premier soin en arrivant dans cette ville, fut d'aller chez la *signora Barberina*, lui remettre la lettre de sa sœur. Je fus reçu d'une manière obligeante, et après avoir lu mon titre de recommandation, elle m'interrogea sur mes projets et m'offrit tous les services qui pouvaient dépendre d'elle. Notre entretien fut interrompu par l'arrivée du conseiller de *Cocceji*, à qui elle me présenta; ils logeaient dans la même maison. Aux politesses que me fit ce magistrat, je repondis que mes études en jurisprudence m'avaient fait connaître le nom de *Cocceji*, et que je m'estimais heureux de connaître une personne qui portait un nom aussi illustre. Nous parlâmes ensuite de l'Italie, de la Suisse, et du motif de mon voyage. J'allais me retirer lorsque mademoiselle *Barberina* m'invita à dîner pour le lendemain.

Je m'y rendis. Nous étions quatre à table; mademoiselle *Barberina*, sa mère, monsieur de *Cocceji* et moi. Après le dîner, la mère se retira dans son appartement; je crus devoir, avant de prendre congé, lui faire une visite particulière. Elle fut sensible à cette attention, et mes manières lui inspirèrent de la confiance. Elle m'apprit que sa fille était mariée à M. de *Cocceji* qui en avait tacitement obtenu l'agrément du roi, et qu'on tenait ce mariage secret par des considérations de famille; le père de M. de *Cocceji* était chancelier de Prusse. Cette confidence me fit plaisir ; elle me prescrivait la manière dont je devais me conduire dans une maison où j'étais reçu avec tant de cordialité, et que je me proposais de fréquenter.

Il est difficile de réunir plus d'agrémens que n'en possédait mademoiselle *Barberina*; à une physionomie intéressante, elle joignait une conversation enjouée, spirituelle et polie ; son extérieur avait les grâces de son esprit : les langues française et anglaise lui étaient presque aussi familières que sa langue maternelle.

Rien de plus singulier que la manière dont elle passa au théâtre de Berlin ; j'en tiens les détails de sa propre bouche. A l'époque où Frédéric se plaisait à rassembler autour de lui tout ce qu'il y avait en Europe de grands talens dans les sciences et dans les arts, mademoiselle *Barberina* dansait à Venise. Le roi donna commission à un agent qu'il entretenait dans cette ville, de l'engager pour le théâtre de Berlin ; l'agent remplit sa mission, et reçut de mademoiselle *Barberina* une réponse verbale, qu'il regarda comme un engagement et dont il fit part à son maître. Un seigneur anglais qui en était amoureux et qui la suivait partout, désapprouva cet engagement, lui persuada de retourner à Londres où elle avait placé des sommes considérables, et la porta à se rétracter. L'agent de Frédéric rejeta cette rétractation, en observant qu'il avait déjà écrit à sa cour, que le marché était conclu, et qu'ayant donné sa parole au roi, dans la personne de son agent, elle ne pouvait plus se dispenser de la tenir. Il chercha en même tems à l'intimider, en ajoutant qu'il pourrait résulter de ses refus beaucoup de désagrémens pour elle.

Il était à craindre que l'Anglais ne finît ce débat par un enlèvement; mais l'agent, par ordre de sa cour, avait pris les mesures nécessaires pour prévenir cet accident. Dès que l'engagement avec le théâtre de Venise fut expiré, on enleva mademoiselle *Barberina* et sa mère; toutes deux furent placées dans une voiture, sous l'escorte de personnes affidées, traitées en route avec les plus grands égards, pourvues de toutes les commodités possibles, et conduites ainsi jusqu'à Potzdam. Le roi reçut la célèbre danseuse avec une politesse enjouée, et l'assura, en lui témoignant le plaisir qu'il avait à la voir, qu'elle aurait lieu d'être satisfaite de son voyage; deux jours après ce monarque chargea un de ses ministres de lui présenter un contrat d'engagement

gagement signé *Fédéric* (1), et dans lequel la somme, destinée à ses honoraires, était en blanc. « J'ai ordre, dit le ministre, de venir » vous présenter cet écrit et vous dire d'y » ajouter la somme annuelle que le roi doit » vous donner comme une récompense de » vos talens. » La surprise de mademoiselle *Barberina* fut extrême; elle ne savait ni que répondre, ni à quoi se résoudre : elle pria le ministre de la conseiller; personne ne voulait se mêler dans ce débat tout-à-fait nouveau; elle finit par écrire cinq mille *risdales* (2). Ce procédé est, je crois, unique dans l'histoire des souverains qui ont aimé et protégé les beaux arts, et récompensé les talens.

_____

(1) C'est ainsi qu'il signait toujours.

(2) Environ dix-huit mille livres. On ne pouvait accuser Mlle. Barberina d'abuser de la signature du roi. Nous avons mille traits de désintéressement de la part de ces femmes dont la profession tient sans cesse éveillée la curiosité du public, qui, cependant connaît mieux leurs faiblesses que leurs vertus. On sait l'usage que fit la célèbre Mlle. Arnoult de la signature en blanc que lui envoya un financier.

Le roi de Prusse récompensait les talens; mais il savait mettre des bornes à ses libéralités. Il avait d'ailleurs des ressources dans l'économie qu'il appor-

Mademoiselle *Barberina*, que je nommerai désormais madame de *Cocceji*, cessa d'exercer son art dès qu'elle fut devenue l'épouse du conseiller; son mari était un homme doux et affable, il aimait la littérature et la société des savans. Je fus assez heureux pour inspirer à l'un et l'autre le plus tendre intérêt; j'eus tous les jours mon couvert mis à leur table, et j'en reçus des marques de bienveillance qui ne sortiront jamais de ma mémoire.

Je m'étais logé chez une dame française qui tenait pension; je trouvai un ami dans M. Moulines son fils, jeune homme rempli de mérite et d'esprit; ses conseils me furent souvent utiles et sa société toujours instructive et agréable. Il reçut peu de tems après mon arrivée, la récompense due à ses talens, par sa nomination à l'académie des sciences de Berlin. Ma chambre était voisine de la sienne, nous passions ensemble des heures délicieuses;

---

tait dans sa dépense personnelle. Jamais il ne foula ses sujets pour satisfaire ses goûts. N'étant encore que prince royal, il comblait de présens magnifiques une célèbre actrice. Devenu roi, il devint moins libéral. Elle osa s'en plaindre à lui-même. Frédéric lui répondit: « Autrefois je donnais mon argent; aujourd'hui je donne celui de mes sujets. »

passionnés tous deux pour la littérature, nos entretiens ne manquaient jamais d'aliment.

Les premiers mois de mon séjour à Berlin, consacrés à l'amitié et à l'étude, s'écoulèrent avec rapidité et furent une des époques les plus agréables de ma vie; outre mon ami et la maison *Cocceji* où j'étais reçu comme un fils, je me liai avec quelques autres personnes, telles que mes compatriotes Algarotti, Salimbeni, et une cantatrice nommée Astroa: je fis aussi la connaissance de Dalichamp, chirurgien-major des troupes prussiennes, homme considéré dans sa profession et cité dans le monde pour son esprit et ses qualités (1).

L'événement le plus favorable pour moi, 1750. fut l'arrivée de Voltaire à Berlin, au mois de juillet de cette année. Persuadé que, si je parvenais à me faire un protecteur de cet homme célèbre, j'obtiendrais sans peine un emploi honorable et avantageux, je me proposai de ne rien négliger pour m'en faire connaître.

_____

(1) Frédéric s'exprime ainsi, en parlant de cet habile chirurgien, dans une épître adressée à Darget et imprimée dans les œuvres du philosophe de Sans-Souci.

» Pourvu que Dalichamp t'assure la santé,
» Que manque-t-il alors à ta félicité ?

2 *

J'étais loin de penser que ce serait auprès de lui que le sort fixerait mon existence pendant plusieurs années, et que, jusqu'à la fin de sa carrière, je dusse en recevoir des témoignages d'estime et d'attachement.

L'occasion que je désirais ne tarda pas à se présenter. Un mois après son arrivée, monseigneur le margrave, et madame la malgrave de Bareyth sœur du roi (1), se rendirent à Berlin : on leur avait déjà préparé des fêtes ; outre les opéra, les bals et les concerts, on imagina de leur donner le spectacle d'un carrousel. La place du château fut convertie en un vaste amphithéâtre garni, sur les côtés, de banquettes pour les spectateurs, et dans le fond, de loges décorées avec magnificence, et destinées à la cour ; l'arène formant un parallélogramme, était divisée par des barrières en différentes allées, dans lesquelles étaient placés,

---

(1) Morte en 1759. Ce fut à l'occasion de cet événement que Voltaire composa une de ses plus belles odes, celle qui commence par ces vers :

« Lorsqu'en des tourbillons de flamme et de fumée
» Cent tonnerres d'airain, précédés des éclairs,
» De leurs globes brûlans renversent une armée,
» Que de guerriers mourans les sillons sont couverts, etc. »

de distance en distance, des bustes destinés aux jeux des chevaliers.

Madame de *Cocceji* avait arrêté des places : elle m'invita à venir voir cette fête, nous nous y rendîmes ; l'assemblée était nombreuse et brillante : toute la cour était venue de Potzdam à Berlin. Peu de tems avant l'arrivée du roi, il s'éleva tout à coup, parmi les spectateurs, un murmure d'admiration, et j'entendis répéter autour de moi : *Voltaire ! Voltaire !* Je le vis en effet au milieu d'une troupe de seigneurs qui traversaient à pied l'arène, pour se rendre dans une des loges de la cour. Sa contenance était modeste ; mais la joie se peignait dans ses regards : on ne peut aimer la gloire sans aimer le prix qui y est attaché. Je le perdis de vue ; le lieu où j'étais placé ne me permit pas de l'observer plus long-tems.

Le carrousel fut magnifique et bien exécuté. Les quatre coins de l'amphithéâtre s'ouvrirent, et l'on vit entrer quatre quadrilles représentant autant de nations. Les chevaliers étaient des princes du sang et des seigneurs escortés d'une suite brillante et nombreuse, et montés sur des chevaux richement harnachés. La joute consistait à percer de la lance, à abattre, le sabre à la main, les têtes placées dans l'arène, et à courir la bague. Cette fête, donnée de jour, satisfit tellement, qu'il y eut une seconde représentation pendant la nuit. Plusieurs milliers de lampions répandaient dans l'amphithéâtre une clarté égale à celle du soleil. Les barrières étaient surmontées de berceaux tout illuminés. Ces décorations riches et élégantes, la musique guerrière, l'armure et l'adresse des chevaliers, transportaient mon imagination à ces tems anciens où la bravoure et la galanterie présidaient aux tournois des preux de la cour de Charlemagne.

Voltaire resta à Berlin tout le tems que durèrent les fêtes, et retourna ensuite à Potzdam. Je résolus, avant son départ, de me présenter à lui, ce que j'exécutai en me faisant annoncer comme un jeune italien qui aimait et cultivait la littérature. Il me reçut avec affabilité, et me parla dans mon idiome. On conçoit aisément que j'étais un peu embarrassé dans cette première entrevue. Voltaire m'encouragea, me demanda dans quelle partie de l'Italie j'avais reçu le jour, et parut apprendre avec plaisir que j'étais Toscan. « *La Toscana*, me dit-il, *e stata una nuova Atene, e i Toscani sono stati i nostri maestri* » (1). Cette opinion favorable à mon pays influa peut-être sur la résolution qu'il prit ensuite, de m'attacher à sa personne. Il m'interrogea sur mes occupations, me parla de l'Arioste, du Bocace, de la littérature italienne, d'un voyage qu'il se proposait de faire à Rome, et me demanda si je connaissais la langue française. Je lui répondis que je m'étais appliqué à l'apprendre depuis qu'un duc de Lorraine était devenu mon souverain, et que Florence fourmillait de Français. Je finis par lui exprimer le désir que j'avais d'être occupé utilement, et le sollicitai de m'aider de ses conseils et de sa protection; il me promit de s'y employer de tout son pouvoir. Je quittai Voltaire, content de lui, un peu de moi et rempli d'espoir dans ses promesses. Quelques jours après il partit avec le roi, pour Potzdam.

Je vivais heureux et tranquille à Berlin. Les secours que je recevais de ma famille, me mettaient à même d'attendre une occasion favorable, mes amis et les connaissances

―――――――――――

(1) La Toscane a été une nouvelle Athènes, et les Toscans ont été nos maîtres.

que j'avais formées, me rendaient le séjour de cette ville aussi agréable que je pouvais le désirer. On ne manqua pas de former sur moi des projets, et de me faire des propositions ; mais rien de ce que l'on m'offrait ne pouvait me convenir ; je suivais d'ailleurs les conseils de M. de *Cocceji*, qui, par ses attentions et son amitié, méritait cette déférence. J'avais aussi une confiance entière dans mon illustre protecteur, le premier favori de Frédéric, l'ami des princes et des grands de cette cour. Cet espoir soutenait mon courage, mais il était à Potzdam, et moi à Berlin.

Je trouvai souvent le moyen de me rappeler à son souvenir. Le roi aimait la musique (1) et donnait de tems en tems des

---

(1) Il était musicien ; la flûte devint son instrument favori, et souvent il s'amusait à composer des opéra.

Quand le Hongrois cultivera
A l'abri d'une paix profonde,
Du Tokai la vigne féconde,
Mon prince à Berlin reviendra ;
Mon prince à son peuple qui l'aime
Libéralement donnera
Un nouvel et bel opéra
Qu'il aura composé lui-même.

VOLTAIRE.

concerts particuliers dans son appartement. Il faisait venir de Berlin les meilleurs musiciens, pour en composer son orchestre. Mademoiselle *Astroa*, dont j'ai déjà parlé, était souvent appelée à ces concerts. Jamais cantatrice n'eut, je crois, plus de goût, de justesse et de force. Frédéric avait lui-même composé des airs pour elle. Dans une épître, adressée à Schwerts, directeur des spectacles à Berlin, il disait :

» C'est là (*au théâtre*) que l'Astroa, par son gosier agile,
» Enchante également et la cour et la ville.

Mes assiduités dans la maison de mademoiselle *Astroa*, me mettaient à même d'être instruit des jours où elle faisait le voyage de Potzdam. Chaque fois elle voyait Voltaire et s'entretenait avec lui ; chaque fois elle avait l'attention de lui parler de moi. Madame de *Cocceji* joignait ses recommandations à celles de la cantatrice; enfin j'étais servi avec toute la chaleur et le zèle de l'amitié.

Les travaux littéraires de Voltaire étaient alors considérables. Ses devoirs de courtisan et les plaisirs de Potzdam, n'absorbaient pas tout son tems : on eût dit, au contraire, en considérant le nombre de ses écrits, qu'ils étaient le fruit des veilles de plusieurs hommes. Il lui fallait des secrétaires pour copier les ouvrages achevés, pour mettre au net ceux déjà commencés et pour écrire sous sa dictée les nouveaux qu'il entreprenait. Il avait amené avec lui un secrétaire nommé Tinois, et avait pris en même tems le jeune Francheville, de Berlin, fils d'un conseiller aulique. Tel était l'état de sa maison au château de Potzdam, où le roi lui avait assigné un très-bel appartement. Voltaire était le seul homme de lettres qui jouit de la faveur d'habiter ce palais avec distinction.

Un jour, mademoiselle *Astroa*, au retour d'un voyage qu'elle avait fait à Potzdam, me rendit compte d'un entretien qu'elle avait eu avec Voltaire. Elle m'apprit que, mécontent de son secrétaire Tinois, il se préparait à le congédier; que pour répondre d'une manière plus positive aux sollicitations qu'elle avait encore employées en ma faveur, il l'avait engagée à prendre patience, ajoutant qu'il désirait employer près de lui le jeune Toscan, mais que l'époque en était subordonnée à quelques arrangemens, et à la distribution qu'il opérait dans son appartement. Cette nouvelle me combla de joie.

Berlin, en 1751, présentait la plus belle réunion de savans et d'hommes célèbres, étrangers et nationaux. Les uns avaient été appelés par Frédéric, les autres étaient attirés par le désir de contempler un monarque couvert de gloire par ses conquêtes et par ses écrits, dont l'épée avait reculé les bornes d'un faible royaume, et dont la plume agrandissait le domaine des sciences et de la philosophie. Quel aimant pour les gens de lettres, qu'un roi tolérant et éclairé, qui semblait au milieu d'eux, n'être que Frédéric, et ne conserver du prince que la faculté de récompenser! Voltaire, Maupertuis, le marquis d'Argens, Algarotti, Poellnitz, Euler, Margraff, Liberkim, Ellert, Pelloutier, Kœnig, Mérian, formaient en Prusse une des plus savantes réunions de l'Europe; et si la protection du souverain donnait plus d'éclat à leurs noms, le souverain, en les ralliant autour de lui, illustrait son règne et embellissait sa cour. Le célèbre astronome Lalande faisait alors ses voyages; jeune d'années, mais déjà vieux de réputation (1), il vint

---

(1) Il avait alors vingt ans, et était membre de l'académie des sciences de Paris.

augmenter en passant, le nombre de ces hommes illustres. J'eus occasion de le connaître : je trouvai en lui l'heureux assemblage des plus vastes connaissances et de la modestie, du savant et de l'homme aimable.

1752. Enfin tout réussit au gré de mes désirs; mademoiselle *Astroa*, au retour d'un voyage qu'elle avait fait à Potzdam, m'annonça que Voltaire, après avoir congédié son secrétaire Tinois (*a*), s'était déterminé à me prendre auprès de lui en cette qualité, et que je pouvais sur-le-champ l'aller joindre. Je remerciai mille fois mon aimable protectrice; ma joie était à son comble! Connaître, voir de près et tous les jours, cet homme étonnant, l'ami de plusieurs souverains, habiter avec lui, l'entendre et lui parler, agrandir mes idées et la somme de mes connaissances, par les relations journalières qui allaient s'établir entre Voltaire et moi semblable au fer qui, frotté à l'aimant, en acquiert la vertu; enfin prêter ma plume à ce génie universel, et jouir ainsi le premier de ses admirables productions; telles étaient les réflexions qui causaient mon ivresse : je n'aurais point alors accepté l'emploi le plus lucratif.... Ah ! s'il est parmi mes lecteurs quelques hommes enthousiastes des grands talens, en qui l'intérêt n'ait point étouffé le germe des idées libérales, je suis certain de trouver en eux des approbateurs qui m'eussent peut-être imité.

Je ne restai à Berlin que le tems nécessaire pour faire mes adieux ; j'allai exprimer à M. et à madame de *Cocceji* toute la reconnaissance dont leurs bienfaits et leur amitié m'avaient pénétré. Cette maison tenait alors un état brillant ; madame de *Cocceji* avait retiré de Londres ses capitaux, et acheté à Berlin un très-bel hôtel dans la rue des Palais. Je les laissai dans cette situation lorsque je partis pour Potzdam. J'appris par la suite que des dissensions entre M. de *Cocceji* fils et sa mère, dissensions produites par le mariage avec mademoiselle *Barberina*, avaient produit un éclat fâcheux. Le roi, qui avait consenti à cette union et qui devait, pour cette raison, ménager le conseiller, fit cesser la discorde et le scandale, en lui conférant un emploi plus élevé qui l'obligea de quitter Berlin. Il le nomma président du conseil du Grand-Glogau en Silésie. J'ignore comment après cet événement, vécurent ensemble M. et madame de *Cocceji*; je sais seulement que mademoiselle *Barberina*, devenue *Cocceji* sous Frédéric-le-Grand, devint comtesse de *Campanina* sous Frédéric-Guillaume. La joie que me causait ma nouvelle position, ne me rendit point insensible à ma séparation d'avec le fils de mon hôtesse; nos regrets furent sincères comme l'avait été notre attachement.

J'arrivai à Potzdam le 10 avril 1752; Voltaire me reçut avec une bonté paternelle, sans morgue et sans prendre ce ton de supériorité que donnent à certains hommes la fortune ou la réputation. Il fut toujours avec moi tel qu'il se montra dans cette première entrevue.

Son appartement, au château de Potzdam, était au rez-de-chaussée; une grande pièce, partagée en deux par une cloison, servait de logement au jeune Francheville et à moi. Le premier travail dont il me chargea, fut la copie d'un manuscrit dont le titre était alors: *Campagnes de Louis XV*. Cet ouvrage fut imprimé en 1768, et intitulé: *Précis du siècle de Louis XV*; cette copie était un fonds de travail dont je ne devais m'occuper que lorsque je n'aurais pas autre chose à faire. Des pièces fugitives des ouvrages commencés et des lettres à écrire sous sa dictée, composaient ma tâche de tous les jours.

Ce fut à Potzdam que Voltaire composa le *Poëme de la Religion naturelle*, qu'il appelait son testament spirituel, et qu'il dédia à Frédéric : *l'Orphelin de la Chine*, dont il nommait les personnages ses magots, et le quatorzième Chant de *la Pucelle*. Je ne pourrais dire combien de fois il nous fit recopier, à M. de Francheville et à moi, ces trois ouvrages. Voltaire suivait le conseil qu'il donna à un jeune homme qui lui demandait comment il fallait s'y prendre pour bien faire des vers : » Faites-en nuit et jour, lui répondit-il, et » surtout ne cessez de les corriger. » Le siècle de Louis XIV, commencé en France et fini en Prusse, parut pour la première fois à Berlin au commencement de cette année, imprimé avec une nouvelle orthographe, celle qui porte encore le nom de son immortel auteur, que beaucoup d'excellens écrivains ont adoptée, et qui triomphera peut-être un jour d'une ombre de respect qui entoure le Dictionnaire de l'Académie *françoise*. Cet ouvrage, après la première édition, occupait encore l'auteur et ses deux secrétaires, lorsqu'il s'en fit une seconde à Dresde, par les soins de Walther.

Il faut placer, à cette année, le projet du dictionnaire philosophique qui ne parut que long-tems après. Le plan de cet ouvrage fut conçu à Potzdam ; j'étais chaque soir dans l'usage de lire à Voltaire, lorsqu'il était dans son lit, quelques morceaux de l'Arioste ou du Bocace ; je remplissais avec plaisir mes fonctions de lecteur, parce qu'elles me mettaient à même de recueillir d'excellentes observations et me fournissaient une occasion favorable de m'entretenir avec lui sur divers sujets. Le 28 septembre, il se mit au lit fort préoccupé : il m'apprit qu'au souper du roi on s'était amusé de l'idée d'un dictionnaire philosophique, que cette idée s'était convertie en un projet sérieusement adopté, que les gens de lettres du roi et le roi lui-même devaient y travailler de concert, et que l'on en distribuerait les articles, tels que Adam, Abraham, etc. Je crus d'abord que ce projet n'était qu'un badinage ingénieux inventé pour égayer le souper ; mais Voltaire vif et ardent au travail, commença dès le lendemain. Ce fut toujours à cette activité et au libre emploi de son tems, que nous devons ce nombre
prodigieux

prodigieux d'excellens ouvrages, dont une faible partie suffirait pour établir la réputation d'un seul homme. Indépendant dans le palais d'un roi, comme il était à Cirey, les soupers particuliers de Frédéric étaient les seuls devoirs auxquels il se fût assujetti; il eût fui un séjour dans lequel des importuns lui auraient dérobé ses momens; aussi répondait-il à ceux qui lui demandaient comment il avait pu tant écrire : « c'est en ne vivant pas à Paris. »

Tandis que Voltaire ébauchait les premiers articles du dictionnaire philosophique, que je mettais en ordre ses brouillons, il s'éleva, entre les gens de lettres du roi, des dissensions qui le forcèrent de suspendre ce travail et de combattre d'autres erreurs. Il ne s'occupa, jusqu'à la fin de cette année, que d'ouvrages polémiques, tels que la *diatribe du docteur Akakia* (1), dirigée contre Maupertuis; *le*

---

(1) François Ier. avait un médecin qui s'appelait *Sans-malice*. Ce nom déplut au docteur, il le grécisa et en fit *Akakia*. Voltaire fit revivre ce nom, et supposa que celui qui le portait était médecin du pape; mais ce second médecin sans malice est bien loin de mériter ce nom.

décret de l'inquisition de Rome, la séance mémorable, le traité paix, etc.

La première année de mon séjour auprès de Voltaire me laissa peu de momens à donner au plaisir ; fécond et infatigable, il nous donnait l'exemple d'une activité soutenue ; chaque jour d'ailleurs offrait un nouveau stimulant à mon zèle et à ma curiosité ; je trouvais, dans mes occupations mêmes, des plaisirs toujours variés. Voltaire dînait dans sa chambre avec le jeune Francheville et moi, servi des cuisines de la cour ; le soir il allait souper avec le monarque. De tems en tems il était du voyage de Sans-Souci où il passait quelques jours avec le roi. Il nous laissait à Potzdam ; mais nous nous rendions chaque matin auprès de lui (1), et ne le quittions que munis de son travail de la veille.

L'année 1752 est remarquable dans la vie de Voltaire, par la mésintelligence qui naquit entre lui et Maupertuis, que jusqu'alors il avait traité avec toutes les apparences de l'estime et de l'amitié ; une querelle littéraire

---

(1) Sans-Souci n'est qu'à une lieue de Potzdam.

entre le même Maupertuis et le professeur Kœnig, à laquelle Frédéric et Voltaire prirent part chacun dans un sens différent, des tracasseries subsistées par La Beaumelle venu à Berlin vers la fin de 1751, opérèrent dans la cour littéraire du roi une révolution qui changea ce temple de la sagesse en une arène d'injures, de calomnies et d'injustices. Voltaire fut la principale victime de ces dissensions ; plus il avait de gloire, plus il devait avoir d'ennemis et d'envieux. Je donnerai, sur ces querelles, les détails dont je fus le témoin : je dois dire avant, que si ces misérables discussions ne fussent venues troubler la tranquillité dont il jouissait, et le système d'indépendance qu'il s'était formé, il est probable que jamais il n'eût songé à quitter la Prusse. L'amitié de Frédéric, la liberté de penser et d'écrire si chère à son génie, l'existence honorable que lui procuraient ses travaux et les bienfaits du roi, l'avaient conduit à regarder ce pays comme sa patrie. Il méditait même d'y attirer madame Denis sa nièce, et de l'y établir ; mais en très-peu de tems le dégoût succéda à l'enthousiasme, et dès qu'il crut porter des fers, Voltaire ne songea plus qu'aux moyens de les briser.

On ne sera cependant pas surpris de ces

troubles, si l'on veut envisager la situation respective des principaux acteurs. Maupertuis, arrivé avant Voltaire à la cour de Frédéric, revêtu du titre de président de l'académie de Berlin, considéré comme bon géomètre, jaloux à l'excès, prétendait au droit exclusif d'être l'ami ou le protecteur des Français de quelque mérite qui se rendaient dans la capitale de la Prusse : il était d'un caractère dur; les gens de lettres ne l'aimaient point, parce qu'il voulait primer dans tous les genres. Il avait des idées bizarres qu'il décorait du nom de philosophiques. On connaît ses projets de percer un trou jusqu'au centre de la terre, de disséquer des cerveaux de géans pour faire des découvertes sur la nature de l'ame, d'enduire les malades de poix résine, de créer une ville latine, et autres idées aussi extravagantes, que Voltaire livra au ridicule. Dans son discours de réception à l'académie française, il entreprit de prouver les rapports qui existaient entre l'éloquence et la géométrie, et l'influence de celle-ci sur l'autre; son extérieur était aussi singulier que son esprit : il rendit célèbre sa perruque ronde et courte, composée de cheveux roux et de crins poudrés en jaune.

Voltaire, dont le vaste génie et les lumières éclairaient l'Europe et éclipsaient ses contemporains, Voltaire le flambeau de son siècle, aussi grand poëte que profond historien, occupé sans relâche à combattre les préjugés, ennemi du despotisme et de l'intolérance, jouissant d'une réputation colossale et d'une grande fortune, avait cédé, en venant à Berlin, aux instances pressantes et réitérées de Frédéric. Il réunissait en lui toutes les connaissances sur lesquelles les favoris du roi établissaient leur renommée, et celui-ci lui marquait une préférence, bien méritée, mais qui devint un motif de haine et de jalousie.

La Beaumelle, récemment arrivé à Berlin de Copenhague, où il avait tenu un cours de littérature française, se produisait comme homme de lettres et répandait un livre intitulé : *Qu'en dira-t-on? ou mes pensées*, son titre unique à la gloire. Il se présenta à tous les beaux esprits de la cour de Frédéric avec une arrogance qui fit douter de ses talens. On eût dit qu'il n'était venu à Berlin que pour tout réformer. Selon lui, il n'y avait dans cette cour ni assez d'esprit, ni assez de goût. Sa critique n'épargnait personne; il disait que le langage d'Algarotti

n'était qu'un baragouin. Dès la première visite, la Beaumelle déplut à Voltaire et Voltaire à la Beaumelle (1). Ce dernier avait inséré dans le *qu'en dira-t-on ?* des éloges outrés de Frédéric et des phrases injurieuses aux gens de lettres. Il disait : « Qu'on parcoure l'his-
» toire ancienne et moderne, on ne trouvera
» point d'exemple de prince qui ait donné
» sept mille écus de pension à un homme
» de lettres, à titre d'homme de lettres. Il y
» a eu de plus grands poëtes que Voltaire ;
» il n'y en eut jamais de si bien récompensé,
» parce que le goût ne met jamais de bornes
» à ses récompenses. Le roi de Prusse comble
» de bienfaits les hommes à talens, précisé-
» ment par les mêmes raisons qui engagent
» un petit prince d'Allemagne à combler de
» bienfaits un bouffon ou un nain ».

Ce ridicule parallèle fut, au souper du roi, une source féconde de plaisanteries ;

___

(1) La Beaumelle parla à Voltaire dans cette visite du manuscrit des lettres de madame de Maintenon ; celui-ci désira connaître cet ouvrage. La Beaumelle s'y refusa et avoua même depuis qu'il craignait que Voltaire ne le vendît en secret. De pareilles injures ne s'oublient pas.

chacun des convives s'égaya et sur l'ouvrage et sur l'auteur ; c'était la meilleure manière de s'en venger. Le lendemain, cependant, Maupertuis rapporta ces sarcasmes à La Beaumelle et les mit tous sur le compte de Voltaire. Il parvint à lui persuader que l'intention de son adversaire était d'empêcher qu'il n'eût les bonnes graces du roi et de l'éloigner de Berlin. La Beaumelle n'était déjà que trop disposé à devenir l'ennemi de Voltaire ; il crut aux rapports de Maupertuis, et jura une haine éternelle à un homme qui n'en avait point pour lui. Il fallait bien peu connaître Voltaire pour lui atttribuer une semblable conduite. Avec un peu de réflexion, La Beaumelle aurait jugé que celui à qui on prêtait une aussi basse jalousie avait trop de réputation et de crédit pour augmenter l'un et l'autre par l'humiliation d'un jeune écrivain, à peine connu dans le monde littéraire. Mais ce grand homme ne puisait pas son indulgence dans sa supériorité, elle était dans son caractère. Je l'ai vu accueillir avec bonté des jeunes gens dont les heureuses dispositions promettaient aux sciences de dignes soutiens, les aider de ses conseils et de sa bourse, et même commencer leur réputation dans le monde. Il est évident qu'on cherchait à le rendre odieux, ses ouvrages étant à l'abri de la critique. Voltaire ne faisait la cour à personne et n'aimait pas qu'on la lui fît, parce que des deux parts il eût perdu un tems précieux. Il se bornait à composer ses ouvrages et à plaire au roi. Cette manière de vivre lui attira l'envie de beaucoup de personnes qui s'étudièrent à lui faire des ennemis. On commença par La Beaumelle, et on réussit.

La Beaumelle, pour se venger, composa en partie à Berlin, ses notes critiques sur le siècle de Louis XIV. Il était occupé de ce travail, lorsqu'il fut obligé de quitter la Prusse après avoir été enfermé à *Spandau* pour une affaire scandaleuse.

La querelle qui éclata entre Voltaire et Maupertuis fit en Europe beaucoup plus de bruit et eut des suites plus sérieuses. Elle commença par une simple discussion philosophique entre Maupertuis et Kœnig. Maupertuis, dans un mémoire inséré dans sa cosmologie et dans les actes de l'académie des sciences de Berlin, avait avancé que la nature, pour ses opérations employait toujours un *minimum* (ou moindre action), et il présentait cette assertion comme un principe général et constant dont il se vantait avec emphase d'avoir fait la découverte. Kœnig qui, avant son séjour en Prusse, était professeur de philosophie à la Haye, et qui alors était membre de l'académie que présidait Maupertuis, avertit celui-ci que le principe de la *moindre quantité d'action* n'était pas sans objections, et lui fit parvenir quelques réflexions par lesquelles il révoquait en doute la généralité de ce principe. Le président ne se donna pas la peine de les parcourir, et en les renvoyant à Kœnig, lui fit dire qu'il pouvait les imprimer et qu'il y répondrait.

Cette dissertation parut en effet dans le journal de Leipzig, au mois de mars 1752. On y rapportait un fragment d'une lettre de *Leibnitz*, dans lequel il était question de ce principe général de la nature, auquel ce célèbre philosophe paraissait s'opposer. Maupertuis croit que par ce fragment on veut lui enlever l'honneur d'avoir découvert la moindre action. Il somme Kœnig de produire l'original de cette lettre : celui-ci répond qu'il n'en a qu'une copie qui lui a été donnée par un savant respectable, mort en Suisse, et dont les papiers étaient dispersés.

Maupertuis irrité, accuse Kœnig d'avoir forgé cette lettre; il fait assembler les membres de l'académie de Berlin, séduit ou intimide les plus faibles, et le professeur est déclaré *faussaire en philosophie*. Le 13 avril cette absurde sentence est imprimée et publiée; Kœnig renvoie son diplôme d'académicien, et fait paraître un ouvrage intitulé: *Appel au public*, dans lequel il défend victorieusement son honneur outragé.

Voltaire indigné du procédé de Maupertuis, prit la défense de Kœnig; n'eût-il eu contre le premier aucun sujet antérieur d'animosité, on l'aurait vu se ranger du parti de l'opprimé. On doit reconnaître à ce trait le grand homme que l'injustice, exercée à l'égard d'un seul de ses semblables, révoltait autant que si elle lui eût été personnelle; on reconnaîtra celui qui fut le défenseur et le bienfaiteur des Sirven et des Calas, qui enleva à l'ignominie le nom de l'infortuné chevalier de la Barre, et qui plaida avec tant de chaleur, contre la féodalité, la cause des habitans du Mont-Jura.

Maupertuis avait voulu perdre Kœnig dans l'opinion publique; Voltaire se contenta de rendre Maupertuis ridicule. Ce fut alors que parurent la diatribe du *Docteur Akakia*, la *Séance mémorable*, et tous ces écrits, chef-d'œuvres de plaisanterie, où le badinage le plus ingénieux se trouve confondu avec la plus saine philosophie, et dans lesquels il se moquait de la ville latine, du trou à percer jusqu'au centre de la terre, de la dissection des cerveaux de patagons, et de la poix résine dont le président voulait que l'on enduisit les malades. Au nombre de ces ouvrages il faut distinguer celui qui a pour titre: *Lettres d'un Académicien de Berlin à un Académicien de Paris*, avec les réponses. Les unes étaient de Voltaire et condamnaient Maupertuis; les autres étaient de Frédéric, et défendaient le président. Cette guerre n'eût eu probablement d'autres suites que d'amuser la cour et la ville, si Maupertuis se fût contenté de se servir des armes qu'employait son adversaire; mais trop faible dans ce genre de lutte, il eut recours à des moyens plus puissans et qui eurent tout le succès qu'il en désirait. Frédéric était aussi jaloux de sa réputation d'homme de lettres que de sa réputation militaire. La connaissance qu'il avait du caractère du roi favorisa ses plans.

Il publia que Voltaire avait répondu au

général Manstein, qui le pressait de revoir ses mémoires : « Mon ami, à une autre fois. » Le roi vient de m'envoyer son linge sale » à blanchir; je blanchirai le vôtre après. » Qu'il avait dit dans une autre occasion, en parlant de Frédéric : » Cet homme-là est » César et l'abbé Cotin. »

Je ne ferai aucune réflexion sur ces calomnies, qui cependant n'en sont point aux yeux de beaucoup de personnes. Est-il croyable que Voltaire eût insulté en face le général Manstein dans la personne de son souverain et dans la sienne? J'ai suivi ce grand homme dans tous les pays qu'il parcourut avant de se fixer sur les bords du lac de Genève, il m'honorait de son amitié et d'une entière confiance. Pendant le cours de nos voyages, la Prusse et les événemens auxquels il eut quelque part, furent les sujets de nos entretiens, et toujours je l'entendis désavouer les indiscrétions que la haine de Maupertuis lui avait attribuées.

Frédéric fut sensible à ces rapports, et sans en approfondir la source et le motif, il s'éloigna de Voltaire et se déclara ouvertement pour Maupertuis. Cette disgrace n'arrêta point le cours des brochures contre le président, qui établissait un nouveau genre de tribunal, dans la république des lettres, qui n'en connaît pas d'autre que celui du public. Cette opiniâtreté révolta Frédéric, et le 24 décembre de cette année, il fit brûler *la diatribe du docteur Akakia,* par la main du bourreau.

Cette exécution se fit devant la maison de M. de Francheville, où logeait alors Voltaire qui était venu de Potzdam à Berlin, pour prendre part aux divertissemens du carnaval. Je fus témoin, à ma fenêtre, de cette *brulûre,* sans en comprendre le sujet. J'allai sur-le-champ rendre compte à Voltaire de ce que j'avais vu. « Je parie, me dit-
» il, que c'est mon docteur qu'on vient de
» brûler. » Il ne se trompait pas. Dans la même matinée, le marquis d'Argens et l'abbé de Prades vinrent le voir, peu après cette exécution : peut-être y venaient-ils de la part du roi, afin qu'ils pussent lui rendre compte de la contenance de Voltaire. Il fut sans doute sensible à cette injure ; il ne pensait pas que des plaisanteries dussent provoquer un acte diffamant, presque toujours accompagné d'une prise de corps. Cependant, fort de sa conscience, et certain de ne s'être porté à aucun excès criminel, il finit par plaisanter

sur cette exécution ; mais il fut plus que jamais affermi dans la résolution de quitter Potzdam et le Brandebourg, ce qu'il ne réalisa cependant que trois mois après.

Madame la comtesse de Bentink, née comtesse d'Oldembourg, femme d'un grand mérite et d'une grande fermeté, était l'amie de Voltaire. Elle ne cessa pas de l'être pendant cette catastrophe littéraire. Frédéric paraissait ne vouloir que vaincre l'obstination de Voltaire, et ne songeait point à en tirer une satisfaction plus éclatante. Celui-ci, cependant passait pour disgracié, mais il lui eût été facile de détruire ces bruits en renonçant à cette fierté qui seule déplaisait au roi, et en devenant souple et rampant comme ses adversaires.

Vers la fin de cette année, parut l'édition du siècle de Louis XIV, avec des notes critiques de La Beaumelle (1). Cet écrivain,

---

(1) La Beaumelle écrivit à Voltaire qu'il le poursuivrait jusqu'aux enfers. Celui-ci, dans la réponse qu'il fit au cartel que Maupertuis lui adressa à Leipsig, s'exprime de la sorte au sujet de cette menace, « De plus, si vous me tuez, ayez la bonté de vous » souvenir que M. de La Beaumelle m'a promis

forcé de quitter la Prusse quelques mois auparavant, avait fini et fait imprimer cet ouvrage à Francfort-sur-le-Mein. Voltaire le sut par la comtesse de Bentink, et fit venir le livre. La critique était plus digne de la pitié que de la colère de ce grand homme; mais il ne put voir d'un œil indifférent un de ses meilleurs ouvrages attaqué par un jeune présomptueux dont il eût fait son apologiste au moyen de quelques caresses. Il répondit par un supplément beaucoup plus mordant que les notes de son commentateur.

L'exécution de l'*Akakia* parut à Voltaire une mesure trop vive entre gens de lettres; car, jusque-là, Frédéric n'avait agi qu'en cette qualité. Dix jours après cette scène, il écrivit au roi, qui était encore à Berlin, une lettre passionnée et respectueuse, dans la-

---

» de me poursuivre jusqu'aux enfers; il ne man-
» quera pas de m'y aller chercher, quoique le trou
» qu'on doit creuser par votre ordre jusqu'au cen-
» tre de la terre et qui doit mener tout droit en enfer,
» ne soit pas encore commencé. Il y a d'autres
» moyens d'y aller, et il se trouvera que je serai
» mal mené dans l'autre monde, comme vous m'avez
» persécuté dans celui-ci.

quelle il lui exposait qu'il était inconsolable de lui avoir déplu, et que, persuadé qu'il était indigne des marques de distinction dont il avait bien voulu l'honorer et le décorer, il prenait la liberté de les remettre à ses pieds. Il joignit à cette lettre la croix de l'ordre du mérite, en fit un paquet qu'il cacheta lui-même, et sur l'enveloppe, il écrivit de sa main ces quatre vers :

Je les reçus avec tendresse ;
Je vous les rends avec douleur ;
C'est ainsi qu'un amant, dans son extrême ardeur (1),
Rend le portrait de sa maîtresse.

Le jeune Francheville fut chargé d'aller porter ce paquet au château, et de s'adresser à M. Fredersdorff, à qui Voltaire avait en même tems écrit un billet pour le prier de remettre ce paquet entre les mains du roi. Ce Fredersdorff était auprès du monarque une espèce de factotum, qui réunis-

---

(1) Ce troisième vers a été changé par Voltaire dans le commentaire historique : il s'y trouve ainsi :

Comme un amant jaloux, dans sa mauvaise humeur.

Je l'ai laissé ici tel que je le vis sur le paquet envoyé à Fréderic.

sait

sait les emplois les plus disparates. Il était à la fois, secrétaire, intendant, valet de chambre, grand-maître d'hôtel, grand échanson et grand pannetier. Le même jour, après-midi, un fiacre arrêta devant notre porte. C'était Fredersdorff qui venait, de la part du roi, rapporter à Voltaire la croix de l'ordre et la clef de chambellan. Il y eut entre eux une longue conférence : j'étais dans la pièce voisine, et je compris à quelques exclamations que ce ne fut qu'après un débat très-vif que Voltaire se détermina à reprendre les présens qu'il avait renvoyés.

Duvernet, et d'autres après lui, rendent compte de cette circonstance d'une manière peu exacte. Ils disent que Voltaire, étant un jour dans l'antichambre du roi à Potzdam, dit à son domestique *de le débarrasser de ces marques honteuses de la servitude, et de lui ôter ce carcan.* Ils ajoutent que Voltaire les suspendit à la clef de la porte de la chambre du roi, après quoi il partit pour Berlin. Il n'est rien de plus faux dans toutes ses circonstances. D'abord Voltaire n'avait point de domestique à sa suite quand il allait chez le roi : ce fut à Berlin, et non à Potzdam, que la croix de l'ordre et la clef de chambellan furent renvoyées; il n'est pas vraisemblable non plus qu'il ait eu la témérité de tenir, dans l'antichambre du roi un langage aussi peu réservé, lui qui, dans la plus grande intimité, n'en parlait jamais qu'avec respect. Croira-t-on, d'ailleurs, qu'au château de Potzdam, du tems de Frédéric, on put se promener dans les appartemens avec des domestiques, pendre tout ce que l'on voulait à la porte de la chambre même du roi, et s'en aller ensuite paisiblement? Sans doute Voltaire n'attachait à ces objets que le prix qu'ils peuvent avoir aux yeux du philosophe; il n'en faisait point les instrumens d'une vanité ridicule, mais il les avait reçus comme des témoignages d'estime et de considération, et il n'était pas assez fanatique pour les jeter, comme des babioles, au nez de celui qui les lui avait donnés.

Quelques jours après, le roi quitta Berlin. Voltaire y resta environ deux mois, pendant lesquels il fit une maladie, causée par l'excès du travail et par toutes les contrariétés qu'il venait d'éprouver. Je n'ai point donné le détail de son procès avec un juif, nommé Hirschel, qui lui vola environ deux mille écus; je n'ai pas parlé des pamphlets qui lui furent faussement attribués, tels que le *tombeau de la Sorbonne*, et une vie privée de Frédéric; des contrefaçons que l'on faisait, presque sous ses yeux, de plusieurs de ses ouvrages que l'on mutilait, ou auxquels on ajoutait, de manière à les rendre méconnaissables. Toutes ces anecdotes ont été publiées, et je ne m'attache qu'à celles qui ne sont point connues, ou sur lesquelles je puis donner des détails plus exacts.

Lorsqu'il se sentit assez de forces pour supporter la fatigue d'un voyage, il demanda au roi la permission d'aller prendre les eaux de Plombières, dont les médecins lui conseillaient de faire usage. Il resta quelque tems sans avoir une réponse positive, ce qui l'inquiétait beaucoup. Le dernier jour de février, il eut avec moi un entretien particulier. Il me dit qu'il se préparait à quitter la maison de M. de Francheville, et qu'il avait déjà déclaré au père, qu'il ne pouvait plus garder son fils. Qu'il avait donné pour raison, qu'étant dans l'intention d'aller à Plombières y soigner sa santé, il ne voulait pas emmener un sujet du roi, ce qui déplairait à Sa Majesté. « Mon véritable motif, ajouta-t-il, » est que je ne veux pas auprès de moi ce

4 *

» jeune homme, qui serait moins l'un de
» mes secrétaires, qu'un agent dont on se
» servirait pour rendre compte à Berlin de
» toutes mes démarches. Vous viendrez
» seul avec moi ». Il me chargea en même
tems d'avoir soin de faire toutes les dépenses nécessaires à une sorte de ménage que nous allions avoir, et pour lequel il m'avança une somme convenable. Il avait été jusqu'alors défrayé par le roi. Je fus donc à la fois, chargé d'écrire sous sa dictée, de mettre au net ses ouvrages, et de pourvoir à tous les besoins d'un ménage, qui allait devenir errant.

Le 5 mars, je fus très-occupé. Voltaire avait chez lui beaucoup de livres qui appartenaient à la bibliothèque du roi; il me chargea d'en faire la recherche et de les rendre, ce que j'exécutai. Je mis ensuite ses papiers en ordre et fis emballer ses effets. Ce jour même nous quittâmes la maison de M. de Francheville qui était située au centre de Berlin, et nous nous rendîmes loin de là dans une autre du faubourg Stralan. Elle appartenait à un gros marchand nommé Schweiger, et sa position en formait une espèce de maison de campagne. Nous vécûmes onze jours dans cette solitude. Notre petit ménage était composé du maître, d'une cuisinière, d'un domestique et de moi, économe et directeur de la troupe. Malgré son éloignement de la ville, Voltaire recevait des visites. La comtesse de Bentink, cette femme illustre et sensible, digne de gouverner un empire, lui fut constamment attachée et venait souvent lui apporter des consolations. Le médecin Coste était aussi au nombre de ses amis et lui prodiguait les secours de son art; il lui avait conseillé les eaux de Plombières. Cependant la permission n'arrivait pas; ces retards donnaient à Voltaire les plus grandes inquiétudes. Il craignait quelque événement funeste, et que l'on eût pris la résolution de l'empêcher de sortir du Brandebourg. Cette idée le tourmentait et lui donnait encore plus d'impatience.

J'allais quelquefois promener avec lui dans un grand jardin dépendant de la maison. Lorsqu'il désirait être seul, il me disait : « *à présent, laissez-moi un peu rêvasser* ». C'était son expression, et il continuait sa promenade. Un soir, dans ce jardin, après avoir causé ensemble sur sa situation, il me demanda si je saurais conduire un chariot at-

telé de deux chevaux. Je le fixai un moment, et comme je savais qu'il ne fallait pas contrarier sur-le-champ ses idées, je lui répondis affirmativement. « Écoutez, me dit-il ; j'ai
» imaginé un moyen de sortir de ce pays.
» Vous pourriez acheter deux chevaux. Il
» ne sera pas difficile de faire ensuite em-
» plette d'un chariot. Lorsqu'on aura des
» chevaux, il ne paraîtra pas étrange que
» l'on fasse une provision de foin. — Eh
» bien, monsieur, lui dis-je, que ferons-
» nous du chariot, des chevaux et du foin ?
» Le voici : nous emplirons le chariot de
» foin. Au milieu du foin nous mettrons
» tout notre bagage. Je me placerai, dé-
» guisé, sur le foin, et me donnerai pour
» un curé réformé qui va voir une de ses
» filles mariée dans le bourg voisin. Vous
» serez mon voiturier. Nous suivrons la
» route la plus courte pour gagner les fron-
» tières de la Saxe, où nous vendrons chariot,
» chevaux et foin ; après quoi nous pren-
» drons la poste pour nous rendre à Leipsig ».
Il ne pouvait s'empêcher de rire en me communiquant ce projet, et il accompagnait son récit de mille réflexions gaies et singulières. Je lui répondis que je ferais ce qu'il voudrait

et que j'étais disposé à lui donner toutes les preuves de dévouement qui dépendraient de moi ; mais que ne sachant pas l'allemand, je ne pourrais répondre aux questions qui me seraient adressées. Que d'ailleurs ne sachant pas très-bien conduire, je ne pouvais répondre de ne pas verser mon pasteur dans quelque fossé, ce qui m'affligerait beaucoup. Nous finîmes par rire ensemble de ce projet, Il ne tenait pas beaucoup à le réaliser, mais il aimait à imaginer des moyens de sortir d'un pays où il se regardait comme prisonnier. « Mon ami, me dit-il, si la permission d'aller » aux eaux ne vient sous peu de tems, je » saurai de manière ou d'autre sortir de l'île » d'*Alcine* ». Depuis que l'on avait brûlé son livre, il craignait plus que jamais les princes et les grands, et vantait, sans cesse, le bonheur de vivre libre et loin d'eux.

Enfin le roi envoya de Potzdam la permission d'aller à Plombières, et témoigna à Voltaire le désir de le voir avant son départ. Sans perdre un moment nous fîmes nos malles et disposâmes tout pour quitter la Prusse. Nous partîmes de Berlin et arrivâmes à Potzdam à sept heures du soir. Voltaire occupa au château le même appartement qu'il avait eu d'abord, mais cette fois il ne fit pas un long séjour dans cette fameuse résidence de Frédéric. Il laissa emballés ses papiers et ses effets. Le 19, après dîner, il se rendit dans le cabinet du roi. Leur entretien dura deux heures; il y avait deux mois qu'ils ne s'étaient vus. Au sortir de cette entrevue, qui dut former une scène intéressante entre d'aussi grands acteurs, Voltaire avait l'air tellement satisfait, qu'il me fut facile de juger que la paix était faite. En effet, j'appris de lui que Frédéric était entièrement revenu à la confiance et à l'amitié, et que Maupertuis lui-même avait été dans quelques saillies immolé à leur réconciliation.

Voltaire ne resta à Potzdam que six jours, pendant lesquels il soupa toujours avec Frédéric. Il appela depuis ces repas familiers des soupers de *Damoclès*; l'aventure de Francfort maîtrisait sans doute ses idées lorsqu'il composa ces mémoires que publia l'indiscrétion, et qui renferment à la fois l'éloge et la satire des actions du roi de Prusse.

Le 26, Frédéric devait aller en Silésie faire la revue de ses troupes. Il restait encore à Voltaire des arrangemens à prendre avant de partir. Nous passâmes ensemble une partie de la nuit du 23 au 24. Il me remit plusieurs sacs d'argent, me chargea d'aller le lendemain à Berlin, accompagné d'un domestique, les porter au banquier Splitgerfer, et prendre de lui des lettres de change. J'exécutai cette commission, et retournai à Potzdam le 25, dans la matinée.

Ce fut le lendemain que Voltaire quitta Potzdam pour n'y plus revenir. Il alla de bonne heure prendre congé du roi qui, de son côté, partait pour la Silésie. Frédéric lui fit promettre de revenir lorsqu'il aurait fait usage des eaux de Plombières. Il quitta le monarque et monta aussitôt dans sa voiture de voyage que j'avais fait préparer, et nous prîmes la route de Leipsig.

Telle fut la fin du séjour de Voltaire en Prusse, où il était venu chercher le repos, un abri contre l'intolérance et la persécution, et où il trouva dans ceux mêmes qui suivaient la même carrière que lui des ennemis plus acharnés que les fanatiques qui l'avaient poursuivi en France.

C'est à tort que quelques auteurs ont prétendu que Voltaire et Frédéric se quittèrent brouillés, et que celui-ci demanda la croix et la clef qu'il n'avait pas voulu recevoir. Il est constant, qu'au moment du départ ils étaient entièrement réconciliés, qu'ils avaient, plusieurs jours de suite, soupé gaîment ensemble, et que les querelles littéraires qui avaient occasionné la rupture étaient oubliées. Il est encore constant que le roi, lorsque Voltaire se disposa à prendre congé de lui, ne redemanda point, non-seulement les décorations qu'il avait déjà refusées, mais encore aucun livre, aucune lettre, aucuns papiers. Aussi grand homme que grand roi, Frédéric pouvait-il connaître le ressentiment? Il avait quelquefois daigné appeler Voltaire son ami; on peut dire qu'ils se séparèrent tels qu'ils s'étaient revus en 1750. Les deux personnages, les plus illustres de leur siècle, devaient en être aussi les plus sages.

Le procès du juif Hirschell, les tracasseries suscitées par La Beaumelle et par Maupertuis, la disgrâce dans laquelle Voltaire vécut pendant trois mois, ne refroidirent pas un instant son ardeur pour le travail. Il semblait au contraire puiser dans ses occupations un adoucissement à ses peines, et l'oubli de ses infirmités. Au commencement de l'année 1753 il répondit aux notes critiques de La

Beaumelle sur le siècle de Louis XIV, par le supplément dont j'ai parlé plus haut. L'indignation lui avait mis la plume à la main. Je lui observais souvent qu'il devait mépriser cette critique, que La Beaumelle n'avait cherché à l'irriter que dans le dessein de s'attirer une réponse qui fît parler davantage de lui, et que Voltaire n'était pas fait pour lutter contre un champion aussi faible. Mes représentations furent inutiles; sa réponse parut.

Au mois de février de la même année, il commença le quinzième chant de la Pucelle. Qui aurait pensé, qu'au milieu de nombreuses contrariétés, entre un procès désagréable et la crainte d'avoir déplu à un roi, un homme de lettres s'occupât d'un sujet qui exige la plus grande sérénité d'âme, de la liberté d'esprit, de la gaîté, et toutes les ressources de l'imagination? Mais ce qui aurait paralysé les moyens d'un homme ordinaire donnait plus d'essor à cet homme étonnant. Il possédait l'art d'affaiblir les chagrins par des objets contraires. Ce poëme était devenu pour lui un délassement nécessaire. Il lui faisait quelquefois oublier tout ce qu'il venait d'éprouver de la part d'un souverain qu'il avait adoré, dont les sollicitations l'avaient engagé à s'expatrier pour venir en Prusse, où, fuyant les bastilles, il était prisonnier dans un palais ; où, fuyant Freron et Desfontaines, il avait trouvé Maupertuis et La Beaumelle ; où, croyant être à l'abri des persécutions du fanatisme, et de l'humiliation de voir brûler publiquement ses ouvrages à Paris, le bourreau de Berlin avait livré aux flammes l'*Akakia*.

L'homme de lettres que l'on offense a le droit de se venger en se servant des armes que l'on a employées contre lui (1). Qui oserait entrer dans cette carrière s'il ne se trouvait pas des écrivains assez courageux pour immoler à la sûreté publique les libellistes et les folliculaires, de même que la maréchaussée purge les grands chemins des vagabonds et des voleurs ? On ne doit donc pas s'étonner que Voltaire, outragé dans sa personne et dans ses ouvrages, ait eu recours aux seuls moyens de vengeance qui fussent

---

(1) Je ne prétends pas ici justifier la vengeance, hors la littérature. Ses effets sont plus souvent funestes qu'utiles. Il suffit d'avoir vécu pour connaître cette vérité.

en son pouvoir. Ces moyens eussent été faibles aux mains d'un autre que lui ; dans les siennes ils étaient toujours victorieux. Encore froissé des injustices qu'il venait d'éprouver, il composa *les voyages de Scarmentado*, conte ingénieux, qui renferme des allusions visiblement applicables aux événemens dans lesquels il avait figuré. Il fit des additions considérables au roman de Zadig. On reconnaît facilement dans cet ouvrage Voltaire, sous le nom du sage Zadig ; les calomnies et les méchancetés des courtisans, la fausse interprétation donnée par ceux-ci à des demi-vers trouvés dans un buisson; la disgrace du héros, sont autant d'allégories dont l'explication se présente naturellement. C'est ainsi qu'il se vengea de ses ennemis ; ceux-ci perdirent sans doute beaucoup dans l'opinion, mais ils eurent l'avantage d'être tirés de l'oubli, et de donner quelque célébrité à leurs noms, que l'on ignorerait encore s'ils n'étaient point inscrits dans les productions de Voltaire.

Tels furent les travaux littéraires qui occupèrent ce grand homme dans les derniers momens de son séjour en Prusse. Nous en partîmes, comme je viens de le dire, le 26 mars 1753, à neuf heures du matin, et nous arrivâmes à Leipzig le 27, à six heures du soir. Cette ville était pour lui une station où il se proposait de s'arrêter le tems nécessaire pour se concerter avec madame Denis sa nièce, et avec ses amis de Paris. Nous ne restâmes point à l'auberge ; il loua un appartement dans la rue Neumarkstran.

Cependant les libraires de l'Allemagne et de la Hollande, s'imaginant que l'*Akakia* était la cause du départ de Voltaire, et qu'un ouvrage, à qui l'on avait fait l'honneur de le brûler, aurait un débit prodigieux, se hâtèrent de l'imprimer ; il en sortit de dix presses différentes, et s'en répandit un grand nombre d'exemplaires. Maupertuis croit que Voltaire ne s'est arrêté à Leipsig que dans l'intention de l'insulter de plus près et avec plus d'avantage ; ne prenant conseil que de sa colère, il écrit à son antagoniste cette lettre si connue, dans laquelle il le menaçait de sa *vengeance et de la plus malheureuse aventure.*

Voltaire répondit à cette rodomontade antiphilosophique, et si peu digne d'un président d'académie, par une lettre pleine de plaisanteries, dont le style était approprié aux

idées géométriques de Maupertuis. Il lui disait à la fin. « Au reste, je suis encore bien
» faible ; vous me trouverez au lit, et je ne
» pourrai que vous jeter à la tête ma se-
» ringue et mon pot-de-chambre ; mais dès
» que j'aurai un peu de force, je ferai char-
» ger mes pistolets *cum pulvere pyrio*, et en
» multipliant la masse par le carré de la vi-
» tesse, jusqu'à ce que l'action et vous soient
» réduits à zéro, je vous mettrai du plomb
» dans la cervelle, elle paraît en avoir be-
» soin. »

A cette lettre il joignit un avertissement qui parut dans les papiers publics ; il était conçu ainsi :

» Un quidam ayant écrit une lettre à un
» habitant de Leipsig, par laquelle il me-
» nace ledit habitant de l'assassiner, et les as-
» sassinats étant visiblement contraires aux
» priviléges de la foire, on prie tous et un
» chacun de donner connaissance dudit qui-
» dam, quand il se présentera aux portes de
» Leipsig. C'est un philosophe qui marche
» en raison de l'air distrait et de l'air pré-
» cipité, l'œil rond et petit, la perruque de
» même, le nez écrasé, la physionomie mau-
» vaise, ayant le visage plein et l'esprit plein

» de lui-même, portant toujours scalpel en
» poche, pour disséquer les gens de haute
» taille. Ceux qui en donneront connaissance
» auront mille ducats de récompense, assi-
» gnés sur les fonds de la ville latine que le-
» dit quidam fait bâtir, ou sur la première
» comète d'or ou de diamant, qui doit tom-
» ber nécessairement sur la terre, selon la
» prédiction dudit quidam. »

Maupertuis déconcerté, renonça au projet ridicule d'appeler en duel un homme que la menace paraissait ne pas intimider; il établit sa vengeance sur un plan qui, malheureusement, eut tout le succès qu'il en attendait; je parlerai plus bas de cet incident, dans lequel je jouai un rôle forcé et peu agréable.

Nous restâmes à Leipsig vingt-trois jours, pendant lesquels Voltaire écrivit à Paris beaucoup de lettres dont il était forcé d'attendre les réponses. Il arrangea ses papiers et ses livres dans des caisses, et chargea un négociant de la ville de les expédier pour Strasbourg. Il employa le reste de son tems à faire des visites aux savans professeurs de l'université, à s'entretenir avec Gottsched sur l'état de la littérature allemande, et à voir de tems en tems Breitkopff, imprimeur renommé

dans

dans l'Allemagne, et qui avait alors sous presse différens ouvrages de Voltaire, pour Walther, libraire de Dresde. Nous ne quittâmes point cette ville sans avoir vu les beaux jardins qui l'entourent.

De Leipsig nous nous rendîmes à Gotha et descendîmes à l'auberge des Hallebardes. Leurs altesses sérénissimes M. le duc et madame la duchesse de Saxe-Gotha eurent à peine appris que Voltaire était dans leur ville qu'ils l'engagèrent à prendre un appartement au château; il accepta et trouva dans cette cour une société choisie, des égards et des consolations.

La princesse, sur-tout, lui prodigua constamment les attentions les plus empressées; son goût et son esprit faisaient d'elle une des femmes les plus aimables et les plus éclairées de son tems. Voltaire cherchait toutes les occasions de reconnaître tant de bontés; et sur le désir qu'elle témoigna d'avoir de lui un abrégé de l'histoire d'Allemagne, il le commença au milieu de la bibliothèque ducale. Je travaillai assidûment, pendant les trente-trois jours que nous restâmes à Gotha, à recueillir des matériaux. C'est ainsi que la république des lettres dut à une femme les

Annales de l'empire, l'ouvrage le plus méthodique et le plus pénible que Voltaire ait jamais fait.

Le poëme de *la religion naturelle*, composé l'année précédente à Potzdam et adressé à Frédéric, changea de dédicace à Gotha et fut présenté à la duchesse avec ces beaux vers qui en forment l'exorde; ce poëme, imprimé sous plusieurs titres, n'eut jamais, de l'aveu de Voltaire, que celui de *Religion naturelle*. J'en ai encore une copie faite par moi à Gotha, et qui ne porte point d'autre titre.

Nous quittâmes cette cour le 15 mai 1753, dirigeant notre route vers Strasbourg par Francfort-sur-le-Mein. Le 26 au soir, nous arrivâmes à Cassel. Le Landgrave était alors à Wabern; il désira voir le célèbre voyageur et le fit prier aussitôt, par le prince héréditaire, de s'y rendre. Comment résister à tant de marques d'estime de la part de l'un des princes les plus renommés de l'Europe? Voltaire se rendit le lendemain à midi à Wabern, où il passa deux jours en conférences avec Guillaume VIII et le prince héréditaire qu'il surnomma depuis le *juste et bienfaisant* Landgrave de Hesse.

Je ne puis omettre ici une particularité qui

donna à Voltaire quelques inquiétudes. Le lendemain de notre arrivée à Cassel, l'aubergiste nous dit que le baron de Pollnitz était aussi dans cette ville. Nous le rencontrâmes en effet le même jour. Voltaire, qui en faisait peu de cas, ne lui dit qu'un mot en passant; mais la présence du baron, qui peu de tems avant, était à Berlin et à Potzdam, lui fit faire plusieurs fois cette réflexion. « *Que fait donc Pollnitz à Cassel ?* »

Duvernet, dans la vie de Voltaire, rapporte, sous cette même année 1753, que le roi de Prusse, à son retour de la Silésie, s'entretenant un jour avec l'abbé de Prades et le baron de Pollnitz, leur dit dans un moment d'amertume, que Voltaire, qui était alors à Leipsig, *passerait désormais sa vie à le déshonorer, et que cette idée le tourmentait :* que Pollnitz répondit au roi : « *Sire, ordonnez, et je vais* » *le poignader au sortir de cette ville* »; et que cette offre fut rejetée avec indignation. Faut-il ajouter foi à cette anécdote ? Pour moi, je ne crois ni à la confidence du roi, ni à la réponse imprudente de Pollnitz. Frédéric avait le sentiment de sa gloire et de sa renommée, il ne devait point penser que Voltaire eût la volonté et même le pouvoir de le *déshono-*

rer; il n'est pas non plus présumable que le baron se soit aussi effrontément offert à faire le métier d'assassin, et cela en présence d'un tiers ; qu'il ait eu la pensée de poignader un homme célèbre, sur qui toute l'Allemagne avait les yeux ouverts, et qu'il ait fait une proposition aussi révoltante à un roi juste et éclairé, qui était capable de faire enfermer pour toujours, comme une bête féroce, l'auteur d'un semblable projet.

Il y a toute apparence que cette conversation entre Frédéric et les deux personnages de sa cour qu'il estimait le moins, n'eut jamais lieu, ou qu'elle fut remplie d'une autre manière. Duvernet ajoute *qu'on fut instruit de ce fait* par un homme qui le tenait de l'abbé *de Prades avec qui il s'était trouvé enfermé dans la citadelle de Magdebourg*. Quel était ce prisonnier ? Pourquoi ne pas le nommer ? L'abbé de Prades, lui-même, prisonnier avec cet homme, est-il un sûr garant de l'authenticité de ce fait, lui qui intrigua, qui ne put parvenir à réussir à la cour de Potzdam, et qui se croyait bonnement philosophe, parce qu'il plaisantait toujours sur les débats et les arrêts de la Sorbonne. Il est plus raisonnable de croire qu'il a voulu se faire honneur d'un entretien secret avec le roi, et s'ériger en sauveur de Voltaire par cette réponse que Duvernet rapporte : *Quoi! vous pensez que Sa Majesté voudra souiller sa gloire par l'assassinat d'un homme qu'elle a aimé ?* »

Ce n'est pas que je refuse d'ajouter foi à cette anecdote, uniquement parce qu'elle présenterait un homme revêtu de titres de noblesse, un courtisan qui, pour faire sa cour à son souverain, se serait offert à commettre un assassinat : l'histoire fournit beaucoup de traits de cette nature ; mais en réfléchissant aux craintes que l'on attribue à Frédéric, craintes qui ne s'accordent point avec son caractère ferme et héroïque ; en pesant avec attention le terme *déshonorer* que l'on met dans la bouche d'un roi couvert de gloire, je ne puis m'empêcher de reconnaître, dans le récit de Duvernet, un air de fausseté qui doit le rendre plus que suspect aux amis de la vérité.

Que l'on ne soit pas étonné de ce que je m'arrête si long-tems sur cette discussion. Si elle ne paraît pas à quelques lecteurs d'un grand intérêt, qu'ils me pardonnent en faveur de mes intentions. Les historiens, en général, sont peu circonspects : ils cherchent à piquer la curiosité, et lorsque leur sujet ne fournit pas assez d'anecdotes, ils ont recours aux conjectures et les transforment en faits positifs. Ce n'est qu'en tremblant que l'on doit consigner dans un livre, de telles inculpations; la réputation d'un homme est une glace qu'un souffle ternit, que le moindre choc peut briser, et que l'on ne saurait aborder avec trop d'attention. Le tribunal de l'opinion doit ressembler à celui qui veille à la sûreté publique; il faut, à l'un et à l'autre des preuves claires comme le jour; ils ne doivent condamner qu'après les avoir acquises.

Il est plus probable, et on aurait mieux fait de le présumer, qu'après le départ de Voltaire, on s'entretint de son voyage, des lieux par lesquels il devait passer, des princes qu'il visiterait; que l'on aura formé des conjectures sur sa route, sur la retraite qu'il choisirait en France, sur la réception qui lui serait faite dans sa patrie; enfin, que Frédéric aura exprimé le désir de connaître ce que Voltaire disait de lui, à quels ouvrages il travaillait. En suivant cette supposition, on pourra croire que la curiosité donna au roi l'idée, non de faire massacrer Voltaire, mais de le faire suivre : alors on comprendra facilement pourquoi Pollnitz se trouvait à Cassel en même tems que nous, et y jouait un rôle, peu honorable à la vérité, mais bien moins odieux que celui qui lui est si légèrement donné par Duvernet. Je n'ai, d'ailleurs à cet égard, aucune notion certaine. Ce que je puis affirmer, c'est qu'au retour du roi, les ennemis de Voltaire firent tous leurs efforts pour le rendre suspect et lui attirer un traitement humiliant. Ils ne réussirent que trop, comme on va le voir.

Nous partîmes de Wabern, le 30 mai au matin, et arrivâmes le soir à Marbourg. Nous avions, le lendemain, fait à peine une lieue, lorsque Voltaire ordonna au postillon d'arrêter. Il faisait usage de tabac; et ne retrouvait, ni dans ses poches, ni dans celles de la voiture, la tabatière d'or dont il se servait.

Je m'aperçois que depuis notre départ de Potzdam, je n'ai pas rendu compte de la manière dont Voltaire voyageait. Il avait sa propre voiture. C'était un carrosse coupé, large, commode, bien suspendu, garni partout de poches et de magasins. Le derrière était chargé de deux malles, et le devant, de quelques valises. Sur le banc, étaient placés deux domestiques, dont un était de Potzdam, et servait de copiste. Quatre chevaux de poste et quelquefois six, selon la nature des chemins, étaient attelés à la voiture. Ces détails ne sont rien par eux-mêmes, mais ils font connaître la manière de voyager d'un homme de lettres qui avait su se créer une fortune égale à sa réputation. Voltaire et moi occupions l'intérieur de la voiture, avec deux ou trois porte-feuilles qui renfermaient les manuscrits dont il faisait le plus de cas, et une cassette où étaient son or, ses lettres de change et ses effets les plus précieux. C'est avec ce train qu'il parcourait alors l'Allemagne. Aussi à chaque poste et dans chaque auberge étions-nous abordés et reçus à la portière avec tout le respect que l'on porte à l'opulence. Ici, c'était M. le *baron* de Voltaire ; là, M. le *comte* ou M. le *chambellan*, et presque partout c'était son *excellence* qui arrivait. J'ai encore des mémoires d'aubergistes qui portent : pour son *excellence M. le comte* de Voltaire, avec secrétaire et suite. Toutes ces scènes divertissaient le philosophe qui méprisait ces titres dont la vanité se repaît avec complaisance, et nous en riions ensemble de bon cœur (1).

Ce n'était point non plus par vanité qu'il voyageait de la sorte. Déjà vieux et maladif, il aimait et aima toujours les commodités de la vie. Il était fort riche et faisait un noble usage de sa fortune. Ceux qui ont voulu faire passer Voltaire pour un avare, le connaissaient bien peu. Il avait pour l'argent les mêmes principes que pour le tems ; il fallait, selon lui, économiser pour être libéral. Dès son entrée dans la carrière des lettres, il visa à l'indépendance, et la richesse lui parut le plus sûr moyen d'y parvenir. L'immense produit de la souscription pour la Henriade, fut placé dans des entreprises sûres et légitimes ; ses capitaux s'accrurent par quelques épargnes sur les revenus, et bientôt il se trouva en état de tenir un rang, de ne dépendre de personne, pas même des libraires aux-

---

(1) On s'entretenait, en présence de Voltaire, de l'un de ses parens qui avait un grade distingué dans le militaire, et l'on se servait de ce grade pour le nommer. « Mon parent, dit Voltaire, est sensible » à votre souvenir, mais la simplicité de nos can- » tons n'admet point ces titres fastueux.

quels, à dater de son établissement à Ferney, il abandonna ses ouvrages sans aucune rétribution. Que serait-il devenu, après son départ de Potzdam, sans les ressources qu'il s'était ménagées ? Aurait-il eu les moyens de bâtir des châteaux, d'acheter des terres, de créer cet asile où il vécut les vingt dernières années de sa vie, libre et tranquille ? Il eût donc fallu dévorer les affronts des Maupertuis, pour se maintenir auprès de Frédéric, ou mendier les faveurs d'un autre prince. Alors, point d'indépendance, et sans l'indépendance, le génie perd sa vigueur, l'imagination resserrée ne produit plus rien de grand, l'homme de lettres imprime à ses ouvrages le cachet de sa servitude. Que les écrivains, dénués de fortune, imitent Voltaire ; alors, peut-être, ne seront-ils pas exposés à une vieillesse languissante et infortunée (b).

Revenons à Marbourg, ou plutôt à l'endroit où nous nous arrêtâmes lorsque Voltaire s'aperçut qu'il n'avait pas sa tabatière. Il ne montra point dans cette occasion, l'inquiétude qui eût agité un homme attaché à l'argent ; la boîte cependant était d'un grand prix. Nous tînmes sur-le-champ conseil, sans sortir de la voiture. Voltaire croyait avoir laissé cette tabatière dans la maison de poste de Marbourg. Envoyer un domestique ou le postillon à cheval, pour en faire la recherche, c'était s'exposer à ne jamais la revoir : je m'offre à faire cette course à pied, il accepte, et je pars comme un trait; j'arrive essoufflé, j'entre dans la maison de la poste, tout y était encore tranquille; je monte sans être vu à la chambre dans laquelle Voltaire avait couché, elle était ouverte. Rien sur la commode, rien sur les tables et sur le lit. A côté de ce dernier meuble, était une table de nuit que couvrait un pan de rideau; je le souleve et j'aperçois la tabatière : m'en emparer, descendre les escaliers et sortir de la maison, tout cela fut l'affaire d'un moment. Je cours rejoindre le carrosse, aussi joyeux que Jason après la conquête de la toison d'or. Ce bijou, d'une grande valeur, était un de ces dons que les princes prodiguaient à Voltaire comme un témoignage de leur estime; il était doublement précieux. Mon illustre compagnon de voyage le retrouva avec plaisir, mais aussi avec la modération du désintéressement ; il me parut plus affecté de la peine que j'avais prise, que joyeux d'avoir recouvré sa tabatière. C'est, il me semble, dans de pareilles occasions, que l'homme se montre tel qu'il est, et que l'on peut juger son ame et ses passions.

Nous continuâmes notre route, et après avoir traversé Giessen, Butzbach et Friedberg, dont nous visitâmes les salines, nous arrivâmes à Francfort-sur-le-Mein vers les huit heures du soir.

Nous nous disposions à partir le lendemain, les chevaux de poste et la voiture étaient prêts lorsqu'un nommé Freytag, résident du roi de Prusse, se présente, escorté d'un officier recruteur et d'un bourgeois de mauvaise mine. Ce cortège surprit beaucoup Voltaire. Le résident l'aborda et lui dit en baragouinant qu'il avait reçu l'ordre de lui demander la croix de l'ordre du mérite, la clef de chambellan, les lettres ou papiers de la main de Frédéric, et l'œuvre de *poëshie* du roi son maître.

Voltaire rendit sur-le-champ la croix et la clef; il ouvrit ensuite ses malles et ses portefeuilles, et dit à ces messieurs qu'ils pouvaient prendre tous les papiers de la main du roi; qu'à l'égard de l'œuvre de *poëshie* il l'avait laissé à Leipsig, dans une caisse destinée pour Strasbourg; mais qu'il allait

écrire dans le moment pour la faire venir à Francfort, et qu'il resterait dans la ville jusqu'à ce qu'elle fût arrivée. Cet arrangement fut ratifié et signé des deux côtés; Freytag écrivit ce billet : « Monsir, sitôt le gros bal-
» lot de Leipsick sera ici, où est l'œuvre de
» *poëshie* du roi mon maître, et l'œuvre de
» *poëshie* rendu à moi, vous pourrez partir
» où vous paraîtra bon. A Francfort, 1er. juin
» 1753. Freytag, résident du roi mon maî-
» tre. » Voltaire écrivit au bas du billet :
« Bon pour l'œuvre de *poëshie* du roi votre
» maître » VOLTAIRE.

Après cette assurance de la part du résident, Voltaire crut devoir rester tranquille jusqu'à l'arrivée de la caisse. Il fit part de ce contre-tems à madame Denis, qui l'attendait à Strasbourg, et sans inquiétude pour l'avenir comme sans ressentiment du passé il continua de travailler aux *Annales de l'Empire*.

Madame Denis, à la réception de la lettre, se rendit à Francfort sans perdre un instant. Je la vis alors pour la première fois, et je ne prévoyais pas que, victime de son dévouement, elle se trouverait enveloppée dans la catastrophe qui menaçait son oncle.

La caisse renfermant l'œuvre de *poëshie*, arriva le 17 juin; elle fut portée le jour même chez Freytag. J'allai le lendemain pour être présent à l'ouverture, et le prévenir que, conformément au billet que lui Freytag avait signé, Voltaire se proposait de partir sous trois heures; il me répondit brusquement qu'il n'avait pas le tems et que l'on ouvrirait la caisse dans l'après-dînée. Je retourne à l'heure convenue; on me dit que de nouveaux ordres du roi enjoignent de tout suspendre et de laisser les choses dans l'état où elles sont. Je reviens, presque découragé, retrouver Voltaire et lui rendre compte de mes démarches. Il se transporte chez le résident, et demande communication des ordres du roi. Freytag balbutie, refuse et vomit force injures.

Voltaire irrité, craignant des événemens plus funestes, et se croyant libre d'user de la faculté que lui donnait l'écrit du résident, prit la résolution de s'évader. Voici quel était son plan : il devait laisser la caisse entre les mains de Freytag. Madame Denis serait restée avec nos malles, pour attendre l'issue de cette odieuse et singulière aventure; Voltaire et moi devions partir, emportant seulement quelques walises, les manuscrits et l'argent renfermé dans la cassette. J'arrêtai en conséquence une voiture de louage, et préparai tout pour notre départ, qui ressemblait assez à la fuite de deux coupables (1).

A l'heure convenue, nous trouvâmes le moyen de sortir de l'auberge sans être remarqués. Nous arrivâmes heureusement jusqu'au carrosse de louage; un domestique nous suivait, chargé de deux porte-feuilles et de la cassette; nous partîmes avec l'espoir d'être enfin délivrés de Freytag et de ses agens.

Arrivés à la porte de la ville qui conduit au chemin de Mayence, on arrête le carrosse et l'on court instruire le résident de notre tentative d'évasion. En attendant qu'il arrivât, Voltaire expédie son domestique à madame Denis. Freytag paraît bientôt dans une voiture escortée par des soldats et nous y fait monter en accompagnant cet ordre d'imprécations et d'injures. Oubliant qu'il représente le roi son maître, il monte avec nous,

---

(1) On prétend que Beaumarchais a dit: « Si l'on » m'accusait d'avoir volé les tours de Notre-Dame, » je commencerais par me sauver et je discuterais » ensuite. »

et comme un exempt de police, nous conduit ainsi à travers la ville et au milieu de la populace attroupée.

On nous conduisit de la sorte chez un marchand, nommé Schmith qui avait le titre de conseiller du roi de Prusse et était le suppléant de Freytag. La porte est barricadée et des factionnaires apostés pour contenir le peuple assemblé. Nous sommes conduits dans un comptoir; des commis, des valets et des servantes nous entourent; madame Schmith passe devant Voltaire d'un air dédaigneux et vient écouter le récit de Freytag qui raconte de l'air d'un matamore, comment il est parvenu à faire cette importante capture, et vante avec emphase son adresse et son courage.

Quel contraste! Que l'on se repésente l'auteur de la Henriade et de Mérope, celui que Frédéric avait nommé son ami, ce grand homme qui de son vivant reçut à Paris, au milieu du public enivré, les honneurs de l'apothéose, entouré de cette valetaille, accablé d'injures, traité comme un vil scélérat, abandonné aux insultes des plus grossiers et des plus méchans des hommes, et n'ayant d'autres armes que sa rage et son indignation.

On

On s'empare de nos effets et de la cassette ; on nous fait remettre tout l'argent que nous avions dans nos poches, on enlève à Voltaire sa montre, sa tabatière et quelques bijoux qu'il portait sur lui ; il demande une reconnaissance, on la refuse. « Comptez cet argent, » dit Schmith à ses commis ; ce sont des drôles » capables de soutenir qu'il y en avait une » fois autant. » Je demande de quel droit on m'arrête et j'insiste fortement pour qu'il soit dressé un procès-verbal. Je suis menacé d'être jeté dans un corps-de-garde. Voltaire réclame sa tabatière, parce qu'il ne peut se passer de tabac ; on lui répond que l'usage est de *s'emparer de tout*.

Ses yeux étincelaient de fureur et se levaient de tems en tems vers les miens, comme pour les interroger. Tout à coup, apercevant une porte entr'ouverte il s'y précipite et sort. Madame Schmith compose une escouade de courtauts de boutique et de trois servantes, se met à leur tête et court après le fugitif. « — Ne puis-je donc, s'écria-t-il, » pourvoir aux besoins de la nature » ? On le lui permet ; on se range en cercle autour de lui, on le ramène après cette opération.

En rentrant dans le comptoir, Schmith,

qui se croit offensé personnellement, lui crie : « Malheureux ! vous serez traité sans » pitié et sans ménagement », et la valetaille recommence ses criailleries. Voltaire, hors de lui, s'élance une seconde fois dans la cour; on le ramène une seconde fois.

Cette scène avait altéré le résident et toute sa sequelle : Schmith fit apporter du vin et l'on se mit à trinquer à la santé de son excellence monseigneur Freytag. Sur ces entrefaites arriva un nommé Dorn, espèce de fanfaron que l'on avait envoyé sur une charrette à notre poursuite. Apprenant aux portes de la ville que Voltaire venait d'être arrêté, il rebrousse chemin, arrive au comptoir et s'écrie : « Si » je l'avais attrapé en route, je lui aurais » brûlé la cervelle ! » On verra bientôt qu'il craignait plus pour la sienne qu'il n'était redoutable pour celles des autres.

Après deux heures d'attente, il fut question d'emmener les prisonniers. Les portefeuilles et la cassette furent jetés dans une malle vide qui fut fermée avec un cadenas, et scellée d'un papier cacheté des armes de Voltaire et du chiffre de Schmith. Dorn fut chargé de nous conduire. Il nous fit entrer dans une mauvaise gargotte à l'enseigne du

Bouc, où douze soldats, commandés par un bas-officier, nous attendaient. Là, Voltaire fut enfermé dans une chambre avec trois soldats portant la bayonnette au bout du fusil; je fus séparé de lui et gardé de même. Et c'est à Francfort, dans une ville qualifiée *libre*, que l'on insulta Voltaire, que l'on viola le droit sacré des gens, que l'on oublia des formalités qui eussent été observées à l'égard d'un voleur de grands chemins. Cette ville permit que l'on m'arrêtât, moi étranger à cette affaire, contre qui il n'existait aucun ordre, que l'on me volât mon argent, et que je fusse gardé à vue comme un malfaiteur. Dussé-je vivre des siècles, je n'oublierai jamais ces atrocités.

Madame Denis n'avait point abandonné son oncle. A peine eut-elle appris que Voltaire venait d'être arrêté, qu'elle se hâta d'aller porter ses réclamations au bourguemaître. Celui-ci, homme faible et borné, avait été séduit par Schmith. Non-seulement il refusa d'être juste et d'écouter madame Denis, mais encore il lui ordonna de garder les arrêts dans son auberge. Ceci explique pourquoi Voltaire fut privé des secours de sa nièce pendant la scène scandaleuse du comptoir.

6*

Depuis sa détention à la bastille jusqu'à sa mort, Voltaire n'eut jamais à souffrir un traitement aussi désagréable. Que La Beaumelle écrivît contre lui et contre ses ouvrages, il ne tardait pas à anéantir La Beaumelle et sa critique ; que Fréron publiât périodiquement des invectives, le pauvre diable et l'Ecossaise vengeaient la littérature de ce despote injuste et intolérant ; que la Sorbonne et le parlement fissent brûler ses ouvrages et l'accusassent d'athéisme, il se vengeait en élevant des temples à l'éternel et en faisant de bonnes actions (1). Mais à Francfort il se trouva livré à des hommes qui ignoraient les égards dus aux grands talens, dont l'extravagance égalait la grossièreté, et qui croyaient donner une preuve de zèle à leur souverain, en outrageant de la manière la plus cruelle un homme

---

(1) Il est constant que Louis XV fut tellement assiégé par les évêques et par la Sorbonne, que l'on fut sur le point d'obtenir contre Voltaire une lettre de cachet. Il ne dut son salut qu'aux bienfaits qu'il répandait autour de lui et qui furent révélés au roi par ses amis. De grands seigneurs, à qui il avait prêté des sommes considérables, étaient au nombre de ses persécuteurs.

qui était, à leurs yeux, un grand coupable, par cette seule raison que la demande de Frédéric annonçait une disgrace. Ce n'est pas la première fois que des subalternes ont abusé du nom de leur maître et outre-passé ses ordres. L'ignorance des agens est plus à craindre que la sévérité éclairée du souverain. Il est en tout une mesure que peu d'hommes savent apprécier.

Je ne dois pas oublier une anecdote qui donnera une idée du désintéressement de Voltaire. Lorsque nous fûmes arrêtés à la porte de Francfort, et tandis que nous attendions dans la voiture la décision de *monseigneur Freytag*, il tira quelques papiers de l'un de ses porte-feuilles et dit, en me les remettant, *cachez cela sur vous*. Je les cachai dans ce vêtement qu'un écrivain ingénieux a nommé le vêtement nécessaire, bien décidé à empêcher toutes les perquisitions que l'on voudrait faire dans cet asile. Le soir, à l'auberge du Bouc, trois soldats me gardaient dans ma chambre et ne me perdaient pas de vue. Je brûlais cependant de connaître ces papiers que je croyais de la plus grande importance, dans l'acception ordinairement donnée à ce mot. Pour satisfaire ma curiosité et tromper la vigilance de mes surveillans, je me couchai tout habillé; caché par mes rideaux, je tirai doucement le précieux dépôt du lieu où je l'avais mis; c'était ce que Voltaire avait fait du poëme de la Pucelle. Il avait prévu que si cet ouvrage venait à se perdre, ou à tomber au pouvoir de ses ennemis, il lui serait impossible de le refaire. Je le sauvai. Telle était la passion de ce grand homme pour ses ouvrages. Il préférait la perte des richesses à la perte des productions de son génie.

Son cœur était bon et compatissant; il attendait de ses semblables les mêmes qualités. Tandis qu'il était dans la cour de Schmith, occupé à satisfaire un besoin de la nature, on vint m'appeler et me dire d'aller le secourir. Je sors, je le trouve dans un coin de la cour, entouré de personnes qui l'observaient de crainte qu'il ne prît la fuite, et je le vois courbé, se mettant les doigts dans la bouche et faisant des efforts pour vomir. Je m'écrie, effrayé, vous trouvez-vous donc mal? Il me regarde, des larmes sortaient de ses yeux; il me dit à voix basse, *Fingo... Fingo...* (je fais semblant). Ces mots me rassurèrent; je fis semblant de croire qu'il n'était pas bien et je lui donnai le bras pour rentrer dans le comptoir. Il croyait, par ce stratagême, appaiser la fureur de cette canaille et la porter à le traiter avec plus de modération.

Le *redoutable Dorn*, après nous avoir déposés à l'auberge du Bouc, se transporta avec des soldats à celle du Lion d'or, où madame Denis gardait les arrêts par l'ordre du bourguemaître. Il laissa son escouade dans l'escalier et se présenta à cette dame, en lui disant que son oncle voulait la voir, et qu'il venait pour la conduire auprès de lui. Ignorant ce qui venait de se passer chez Schmith, elle s'empressa de sortir. Dorn lui donna le bras; à peine fut-elle sortie de l'auberge que les trois soldats l'entourèrent et la conduisirent, non pas auprès de son oncle, mais à l'auberge du Bouc, où on la logea dans un galetas meublé d'un petit lit, n'ayant, pour me servir des expressions de Voltaire, que des soldats pour femmes de chambre, et leurs bayonnettes pour rideaux. Dorn eut l'insolence de se faire apporter à souper, et sans s'inquiéter des convulsions horribles dans lesquelles une pareille aventure avait jeté madame Denis, il se mit à manger et à vider bouteille sur bouteille.

Cependant Freytag et Schmith firent des réflexions : ils s'aperçurent que des irrégularités monstrueuses pouvaient rendre cette affaire très-mauvaise pour eux. Une lettre arrivée de Potzdam indiquait clairement que le roi de Prusse ignorait les vexations commises en son nom. Le lendemain de cette scène on vint annoncer à madame Denis et à moi que nous avions la liberté de nous promener dans la maison, mais non d'en sortir. L'œuvre de *poëshie* fut remis, et les billets que Voltaire et Freytag s'étaient faits furent échangés.

Freytag fit transporter à la gargotte, où nous étions logés, la malle qui contenait les papiers, l'argent et les bijoux. Avant d'en faire l'ouverture, il donna à signer à Voltaire un billet par lequel celui-ci s'obligeait à payer les frais de capture et d'emprisonnement. Une clause de ce singulier écrit était que les deux parties ne parleraient jamais de ce qui venait de se passer. Les frais avaient été fixés à cent vingt-huit écus d'Allemagne. J'étais occupé à faire un double de l'acte lorsque Schmith arriva. Il lut le papier, et prévoyant sans doute, par la facilité avec laquelle Voltaire avait consenti à le signer, l'usage terrible qu'il en pouvait faire quelque jour, il déchira le brouillon et la copie en disant : Ces précautions sont inutiles entre gens comme nous.

Freytag et Schmith partirent avec cent vingt-huit écus d'Allemagne. Voltaire visita la malle dont on s'était emparé la veille sans remplir aucunes formalités. Il reconnut que ces messieurs l'avaient ouverte, et s'étaient approprié une partie de son argent. Il se plaignit hautement de cette escroquerie; mais messieurs les représentans du roi de Prusse avaient à Francfort une réputation si bien établie, qu'il fut impossible d'obtenir aucune restitution.

Cependant nous étions encore détenus dans la plus détestable gargotte de l'Allemagne, et nous ne concevions pas pourquoi on nous retenait; puisque tout était fini. Le lendemain, Dorn parut et dit *qu'il fallait présenter une supplique à son excellence monseigneur* de Freytag, et l'adresser en même tems à M. de Schmith. « Je suis persuadé » qu'ils feront tout ce que vous désirez, ajou- » ta-t-il; croyez-moi, M. Freytag est un gra- » cieux seigneur ». Madame Denis n'en voulut rien faire. Ce misérable faisait l'officieux pour qu'on lui donnât quelque argent. Un louis le rendit le plus humble des hommes, et l'excès de ses remerciemens nous prouva que dans d'autres occasions il ne vendait pas fort cher ses services.

Le secrétaire de la ville vint nous visiter. Après avoir pris des informations, il s'aperçut que le bourguemaître avait été trompé. Il fit donner à madame Denis et à moi, la liberté de sortir; Voltaire eut la maison pour prison jusqu'à ce qu'on eût reçu de Potzdam des ordres positifs. Mais craignant de garder long-tems les arrêts s'il s'en reposait sur ces messieurs, il écrivit une lettre à l'abbé de Prades, lecteur de Frédéric. Le 5 juillet 1753, il en reçut une réponse précise, qui mit un terme à tout ce scandale, et lui rendit toute sa liberté, non pas par le ministère de Freytag et de Schmith, mais par celui du magistrat de la ville.

Le lendemain 6, nous rentrâmes à l'auberge du Lion d'or. Voltaire fit aussitôt venir un notaire, devant lequel il protesta solennellement de toutes les vexations et injustices commises à son égard. Je fis aussi ma protestation, et nous préparâmes notre départ pour le lendemain.

Peu s'en fallut qu'un mouvement de vivacité de Voltaire ne nous retînt encore à Francfort et ne nous replongeât dans de nouveaux malheurs. Le matin, avant de partir, je chargeai deux pistolets que nous avions ordinairement dans la voiture. En ce moment, *Dorn* passa doucement dans le corridor et devant la chambre, dont la porte était ouverte. Voltaire l'aperçoit dans l'attitude d'un homme qui espionne. Le souvenir du passé allume sa colère ; il se saisit d'un pistolet et se précipite vers Dorn. Je n'eus que le tems de m'écrier et de l'arrêter. Le *brave*, effrayé, prit la fuite, et peu s'en fallut qu'il ne se précipitât du haut en bas de l'escalier. Il courut chez un commissaire qui se mit aussitôt en devoir de verbaliser. Le secrétaire de la ville, le seul homme qui, dans toute l'affaire, se montra impartial, arrangea tout, et le même jour nous quittâmes Francfort. Madame Denis y resta encore un jour pour quelques arrangemens, et partit ensuite pour Paris.

Je n'ai encore rien dit des raisons qui ont motivé l'indigne traitement fait à Voltaire. Voici ce que j'en ai pu savoir. Après son départ du Brandebourg, ses ennemis cherchèrent à faire naître des soupçons dans l'esprit de Frédéric. Des épigrammes malignes et injurieuses, furent attribuées à Voltaire, qui n'était point là pour confondre ses calomniateurs. On fit entendre au roi que son ancien favori allait se réfugier à Vienne auprès de l'ennemi naturel de Sa Majesté, et que s'il avait quelques écrits de sa main royale, il ne manquerait pas d'en faire un mauvais usage. Cette dernière considération engagea Frédéric, qui craignait la flétrissure, autant pour ses lauriers poétiques, que pour sa réputation militaire, à prendre quelques précautions. Il avait à Francfort un résident ; il le chargea de se faire remettre tous les papiers de sa main et un volume, imprimé, de poésies. Cet ordre était bien simple ; et on vient de voir avec quelle docilité Voltaire s'y soumit. Il paraît que ceux qui furent chargés à Berlin de transmettre les ordres du roi, y ajoutèrent ou les dénaturèrent. L'imbécille Freytag, qui n'avait d'autres gages que ce qu'il pouvait dérober aux passans, y mit encore plus du sien ; de là les violences exercées contre nous. Le roi de Prusse n'avait certainement pas donné l'ordre de nous emprisonner dans une gargotte, et de garder avec des soldats, un poëte, son secrétaire et une femme; il n'avait jamais prescrit que l'on nous injuriât, que l'on nous fît vider nos poches, que l'on nous volât nos effets et notre argent.

Il est probable que le volume des poésies du roi fut le vrai motif de cet ordre. Cet ouvrage n'était pas une édition faite pour le public; il avait été imprimé secrètement en 1751, dans une chambre du château de Potzdam, à un très-petit nombre d'exemplaires, dont le roi avait gratifié ses plus intimes favoris. Voltaire était du nombre, et ce présent était acquis avec d'autant plus de justice que l'auteur de la Henriade avait corrigé et retouché tout ce que ce recueil renfermait de meilleur. Il paraît que dans le volume en question, se trouvait un poëme comique, intitulé le *Palladium*. Voici ce que Voltaire écrivait de Potzdam, à madame Denis à Paris, au mois de janvier 1751, c'est-à-dire, dans le tems où il jouissait, auprès du roi de Prusse, de la plus grande faveur.

« Savez-vous bien qu'il a même fait un
» poëme dans le goût de ma Pucelle, inti-
» tulé le *Palladium?* Il s'y moque de plus

» d'une sorte de gens ; mais je n'ai point
» d'armée comme lui, et je n'ai jamais gagné
» de batailles ».

Qu'on pèse ces derniers mots ; on reconnaîtra sans peine, que ce *Palladium* tournait en ridicule des individus d'une classe élevée, et que Frédéric, craignant de se faire de nouveaux ennemis si cet ouvrage paraissait, comptant peu sur la discrétion de Voltaire (c), le fit arrêter à Francfort, pour ravoir cette satire.

Voltaire songea toute sa vie à se venger des violences qu'il avait souffertes à Francfort, et jamais le souvenir et le ressentiment de cette injure ne s'affaiblirent dans son esprit. Plusieurs des lettres qu'il m'écrivit après notre séparation, renferment des invectives contre cette ville, contre Freytag et Schmith. Il m'excita dans plusieurs occasions à porter plainte contre les auteurs de ces mauvais traitemens, dont j'avais eu une bonne part, et même à intenter une action contre les magistrats qui avaient toléré de pareilles atrocités. En 1759, pendant la guerre de sept ans, il m'écrivit à Strasbourg, où j'étais alors, pour me faire savoir que le prince de Soubise, qui commandait l'armée française en Allemagne, dirigeait sa marche sur Francfort, et qu'il fallait saisir le moment où ce général occuperait la ville, pour lui présenter dans un mémoire, le détail exact de cette affaire, et lui demander sa protection pour obtenir du magistrat la punition des coupables et la restitution de ce que l'on m'avait volé. Je fis le mémoire et le lui envoyai pour avoir son avis; il n'en fut pas satisfait, et m'adressa, courrier par courrier, un autre mémoire de sa façon, et en même tems la minute d'une lettre qu'il désirait que j'écrivisse au prince de Soubise.

Cet empressement à écrire de sa propre main sur une affaire depuis laquelle il s'était écoulé cinq années, prouve qu'il en conservait le souvenir le plus amer. Ce qu'il avait essuyé de plus cruel à Francfort, était l'avilissement et le mépris, deux injures qui ne s'oublient jamais. Je ne fis aucun usage des pièces qu'il m'avait envoyées, et je renonçai à toutes poursuites. J'avais cependant perdu dans cette occasion mon argent comptant, et quelques effets. J'ai encore ce mémoire auquel je ne puis donner la publicité qu'il mériterait s'il n'était un monument de haine et de vengeance. Une juste animosité le dicta; mais certains personnages y sont présentés sous un jour si défavorable, que j'ai cru devoir laisser cet écrit dans l'oubli, ainsi que j'y laissai ma vindicte personnelle. Cinquante années d'ailleurs, sont une prescription plus que suffisante, qui m'ôte le droit de toucher aux pièces du procès (*d*).

Je place ici seulement la lettre qu'il m'écrivit, et la minute de celle qu'il m'engagea d'adresser au prince de Soubise.

« Voici, mon cher Colini, la lettre que
» vous pouvez écrire. Adressez-vous au no-
» taire qui reçut votre protestation; faites
» présenter la requête au vénérable.... con-
» seil; il la refusera; vous en appellerez au
» conseil aulique, et je vous réponds que
» Freytag sera condamné. Vous n'aurez qu'à
» envoyer la requête à madame de Bentink,
» et la supplier de vous donner son avocat.
» M. le comte de Sauer pourra vous servir.
» J'agirai fortement en tems et lieu.

» *N. B.* Vous pouvez me citer comme
» témoin de vos effets volés. »

A Son Altesse Sérénissime Monseigneur le Prince de Soubise, Maréchal de France.

MONSEIGNEUR,

» Permettez qu'un sujet de Sa Majesté im-
» périale dont votre altesse défend la cause,
» implore votre protection dans la plus juste
» demande contre le brigandage le plus horri-
» ble. Peut-être un mot de votre bouche peut
» obliger le conseil de Francfort à me rendre
» justice; peut-être son attachement à nos en-
» nemis, sa haine contre la France et contre
» tous les bons sujets de Sa Majesté impériale,
» lui feront soutenir les iniquités du nommé
» Freytag; mais je suis dans la nécessité d'im-
» plorer votre protection pour obtenir une
» sentence prompte, favorable ou injuste,
» afin que je puisse me pourvoir au conseil
» aulique. C'est cette sentence expéditive que
» je demande par la protection de votre al-
» tesse, elle est faite pour secourir les op-
» primés.

» Permettez que je mette aussi à vos pieds
» ma requête au Conseil de Francfort.

» Je suis, etc. »

Revenons à notre voyage qui désormais sera moins orageux.

Le 7 juillet, jour de notre départ de Francfort, nous arrivâmes à Mayence. Voltaire y fut accueilli par toute la noblesse qui, instruite des désagrémens que ce grand homme avait éprouvés dans le voisinage, semblait s'être imposé le devoir de les lui faire oublier. Il se reposa trois semaines en cette ville, et, comme il le disait en plaisantant, *il y sécha ses habits mouillés par le naufrage*. La maison de Stadion le combla d'honnêtetés; il employa son tems à recevoir et à rendre quelques visites; mais sa principale occupation fut les *Annales de l'Empire*, auxquelles il travaillait avec d'autant plus d'ardeur qu'elles lui présentaient de sécheresse et de difficultés.

Ce fut, deux jours après son arrivée à Mayence, que Voltaire écrivit à madame Denis la lettre suivante. La blessure saignait encore, l'indignation et la douleur étaient dans leur première force; on reconnaîtra sans peine l'expression de ces deux sentimens.

Mayence, ce 9 juillet 1753.

Il y avait trois ou quatre ans que je n'avais pleuré, et je comptais bien que mes prunelles ne connaîtraient plus cette faiblesse, jusqu'à ce qu'elles se fermassent pour jamais; hier le secrétaire du comte de Stadion me trouva fondant en larmes; je pleurais votre départ et votre séjour. L'atrocité de ce que vous avez souffert perdait de son horreur quand vous étiez avec moi; votre patience et votre courage m'en donnaient; mais après votre départ je n'ai plus été soutenu : je crois que c'est un rêve, je crois que tout cela s'est passé du tems de Denys de Syracuse. Je me demande s'il est bien vrai qu'une dame de Paris, voyageant avec un passeport du roi son maître, ait été traînée dans les rues de Francfort, par des soldats, conduite en prison sans aucune forme de procès, sans femme de chambre, sans domestique, ayant à sa porte quatre soldats, la bayonnette au bout du fusil, et contrainte de souffrir qu'un commis de ce Freytag, un scélérat de la plus vile espèce, passe seul la nuit dans sa chambre. Quand la Brinvillers fut arrêtée, le bourreau ne fut jamais seul avec elle ; il n'y a point d'exemple d'une indécence si barbare. Et quel était votre crime? d'avoir couru deux cents lieues pour venir conduire aux eaux de Plombières un oncle mourant que vous regardez comme votre père. Il est triste sans doute pour le roi de Prusse qu'il n'ait pas encore réparé une telle indignité commise en son nom.

Passe encore pour moi, il m'avait fait arrêter pour ravoir son livre, imprimé, de poésies dont il m'avait gratifié et auquel j'avais quelque droit ; il me l'avait laissé comme un gage de ses bontés, et comme la récompense de mes soins ; il a voulu reprendre ce bienfait, il n'avait qu'à dire un mot, ce n'était pas la peine de faire emprisonner un vieillard qui va prendre les eaux. Il aurait pu se souvenir que depuis plus de quinze ans il m'avait prévenu par ses bontés séduisantes ; qu'il m'avait dans ma vieillesse tiré de ma patrie ; que j'avais travaillé deux ans de suite à perfectionner ses talens ; que je l'ai bien servi, et ne lui ai manqué en rien ; qu'enfin il est bien au-dessous de son rang et de sa gloire de prendre parti dans une querelle académique, et de finir, pour toute récompense, en me faisant demander ses poésies par des soldats.

J'espère qu'il connaîtra tôt ou tard qu'il a été trop loin ; que mon ennemi l'a trompé, et que ni l'auteur ni le roi ne devaient pas jeter tant d'amertume sur la fin de ma vie. Il a pris conseil de sa colère, il le prendra de sa raison et de sa bonté. Mais que fera-t-il pour réparer l'outrage abominable qu'on vous a fait en son nom ? Milord Maréchal (1) sera sans doute chargé de vous faire oublier, s'il est possible, les horreurs où un Freytag vous a plongée.

On vient de m'envoyer ici des lettres pour vous ; il y en a une, de madame Fontaine, qui n'est pas consolante. On prétend toujours que j'ai été Prussien ; si on prétend, par là, que j'ai répondu par de l'attachement et de l'enthousiasme aux avances singulières que le roi de Prusse m'a faites pendant quinze ans de suite, on a grande raison ; mais si on entend que j'ai été son sujet, et que j'ai cessé un moment d'être Français, on se trompe ; le roi de Prusse ne l'a jamais prétendu et ne me l'a jamais proposé. Il ne m'a donné sa clef de chambellan que comme une marque de bonté que lui-même appelle frivole dans les vers qu'il fit pour moi en me donnant cette clef et

_____

(1) Alors envoyé du roi de Prusse à Paris.

cette croix que j'ai remises à ses pieds (e); cela n'exigeait ni serment, ni fonctions, ni naturalisation. On n'est point sujet d'un roi pour porter son ordre. M. Decoville, qui est en Normandie, a encore la clef de chambellan du roi de Prusse, qu'il porte avec la croix de Saint-Louis.

Il y aurait de l'injustice à ne pas me regarder comme français, pendant que j'ai toujours conservé une maison à Paris, et que j'ai payé la capitation; peut-on prétendre sérieusement que l'auteur du siècle de Louis XIV n'est pas français? L'oserait-on dire devant les statues de Henri IV et de Louis XIV, j'ajouterai de Louis XV, puisque je suis le seul académicien qui fit son panégyrique quand il nous donna la paix, et lui-même a ce panégyrique traduit en six langues?

Il se peut faire que Sa Majesté prussienne, trompée par mon ennemi, et par un mouvement de colère, ait irrité le roi mon maître contre moi; mais tout cédera à sa justice et à sa grandeur d'ame. Il sera le premier à demander au roi mon maître qu'on me laisse finir mes jours dans ma patrie; il se souviendra qu'il a été mon disciple, et que je n'emporte rien d'auprès de lui que l'honneur de l'avoir mis en état d'écrire mieux que moi. Il se contentera de cette supériorité et ne voudra pas se servir de celle que lui donne sa place pour accabler un étranger qui l'a enseigné quelquefois, qui l'a chéri et respecté toujours. Je ne saurais lui imputer les lettres qui courent contre moi sous son nom, il est trop grand et trop élevé pour outrager un particulier dans ses lettres ; il sait trop comme un roi doit écrire et il connaît le prix des bienséances. Il est né surtout pour faire connaître celui de la bonté et de la clémence. C'était le caractère de notre bon roi Henri IV ; il était prompt et colère, mais il revenait ; l'humeur n'avait chez lui que des momens, et l'humanité l'inspira toute sa vie.

Voilà, ma chère enfant, ce qu'un oncle, ou plutôt un père malade dicte pour sa fille. Je serai un peu consolé si vous arrivez en bonne santé ; mes complimens à votre frère et à votre sœur. Adieu; puissé-je venir mourir dans vos bras, ignoré des hommes et des rois. V.

Malgré le vœu qui termine cette lettre, il était dans la destinée de Voltaire d'être pendant sa vie recherché et caressé par des souverains qui n'eurent pas tous, les caprices de Frédéric et l'insouciance de l'empereur Joseph II, voyageant sous le nom de comte de Falkenstein (1). L'électeur Palatin Charles-Théodore l'avait prié, depuis notre départ du Brandebourg, de venir dans ses états. La réputation de ce prince lui fit accepter cette invitation, et nous partîmes le 28 juillet de Mayence pour nous rendre à Mannheim.

En découvrant les ruines qui existaient encore alors dans le palatinat du Rhin, en différens endroits que les Français, commandés par le maréchal de Turenne, brûlèrent et saccagèrent, Voltaire s'écria : *Il est impossible que notre nation puisse être aimée dans ce pays ; ces dévastations doivent rappeler sans cesse les habitans à la haine du nom français. Mon ami,* ajouta-t-il, *donnons-nous ici pour Italiens ;* et il se donna pour gentilhomme italien à Worms où nous couchâmes : l'aubergiste, qui parlait un peu la langue toscane, s'entretint avec lui pendant

_____

(1) Il passa très-près de Ferney sans s'arrêter et sans témoigner le désir de voir le grand homme qui y demeurait. On prétend que des questions indiscrètes et cavalières qui lui furent faites par des Genevois, le déterminèrent à passer outre.

que nous soupions. Voltaire se livra à sa gaîté naturelle, lui fit croire mille choses singulières et rendit le souper fort divertissant.

Ce n'était pas là le Voltaire de Francfort. Sa féconde imagination venait toujours à son aide pour adoucir l'amertume de ses chagrins. Soixante ans de persécutions ne lui donnèrent pas un seul mal de tête, et ne l'empêchèrent pas de prolonger, jusqu'à l'âge de quatre-vingt-quatre ans sa glorieuse carrière. Son état de maladie était un état naturel et stable qui l'accompagna du berceau au cercueil. Les lettres qu'il écrivait à ses amis parlaient toujours des incommodités qui l'accablaient, et à cet égard il ne trompa personne ; cependant il vivait au jour le jour, oubliant ses peines et ses maux en travaillant (remède connu du seul Voltaire), et trompait sans cesse ceux qui, dans les cercles et dans les gazettes le disaient mourant ou mort. Ceux qui l'ont voulu juger par les habitudes du commun des hommes se sont trompés, et ont trompé les autres. Voltaire, dans son cabinet, n'était pas le Voltaire que le public croyait devoir être.

Le lendemain, de bonne heure, nous arrivâmes à Mannheim. Cette ville était alors la résidence des Electeurs Palatins. La cour était pour quelque tems encore à Schwetzingen, maison de plaisance du souverain. Voltaire se voyant aussi près du territoire de sa patrie, loin des curieux et des courtisans, prit quelques jours pour mettre de l'ordre dans ses affaires. Il arrangea ses papiers, et changea en numéraire de France l'argent échappé au naufrage de Francfort. Un juif qui n'oublia pas ses propres intérêts, négocia cette affaire.

Dès que l'électeur Charles Théodore eut appris l'arrivée à Manheim de l'illustre voyageur, il s'empressa de lui envoyer un de ses équipages pour le transporter à Schwetzingen. Il y fut logé, lui et toute sa suite, et n'eut pas d'autre table que celle du souverain. Cette cour était alors une des plus brillantes de l'Allemagne. Les fêtes se succédaient, et le bon goût leur donnait un agrément toujours nouveau. La chasse, l'opéra bouffon, les comédies françaises, des concerts exécutés par les premiers virtuoses de l'Europe, faisaient du palais électoral un séjour délicieux pour les étrangers de distinction ou de mérite, qui y trouvaient en outre l'accueil le plus cordial et le plus flatteur. Je ne prévoyais pas alors qu'un jour je dusse y être fixé et devenir l'ordonnateur de ces fêtes que j'admirais.

Tous les acteurs du spectacle français vinrent en corps présenter leurs hommages à l'homme célèbre qui avait étendu leur art par tant de chef-d'œuvres. Ils sollicitèrent la permission de venir particulièrement prendre de lui des leçons sur l'esprit de leurs rôles et sur la déclamation. Rien ne pouvait plaire davantage à Voltaire que de le consulter sur le théâtre en général, et surtout sur ses propres ouvrages. Il donna des conseils qui opérèrent un grand changement dans les acteurs; son appartement, à Schwetzingen, devint le temple de Melpomène (*f*).

L'éclat des fêtes et de la représentation pour lesquelles il ne faut que de l'or et du goût n'étaient pas le seul ornement de la cour électorale. Une passion plus noble occupait aussi les loisirs du souverain de ce beau pays. Mannheim était l'asile des sciences et des beaux arts ; les savans et les artistes y étaient protégés et encouragés.

Tous les jours, après le dîner, Charles Théodore avait dans son cabinet, un entretien avec Voltaire. Celui-ci lisait un de ses ouvrages, on dissertait sur la littérature. Pour donner à l'électeur une idée de la méthode qu'il employait dans le travail des *Annales de l'Em-*

pire, il lui communiqua la partie de son manuscrit qui traite du règne de Charles-Quint.

Charles Théodore voulut, qu'avant de partir, Voltaire visitât les galeries et les collections qu'il avait formées dans le palais de Mannheim. Un équipage lui conduisit ; je fus du voyage. Il parcourut avec attention la belle bibliothèque électorale, la galerie des tableaux, celle des antiques, et le cabinet des médailles. Il admira avec étonnement tout ce que ce prince avait fait en aussi peu de tems pour le progrès des sciences. Ce fut à cette oecasion qu'il offrit à la bibliothèque le compagnon de ce malencontreux volume de poésies qu'on l'avait forcé de rendre à Francfort. Celui-ci avait pour titre : *Mémoires pour servir à l'histoire de la maison de Brandebourg.*

Voltaire passa quinze jours à Schwetzingen, fêté, recherché, et comblé d'attentions. Il admira dans la personne de Charles Théodore l'heureux assemblage des talens et de la modestie, de la grandeur et de l'affabilité. Il le considéra toujours par la suite comme un prince respectable par sa bienfaisance et par ses sentimens d'humanité, estimable par les qualités de son ame et par son ardent amour pour les arts utiles. Dès lors, une correspondance suivie s'établit entre eux, et Voltaire conserva toute sa vie un attachement respectueux pour l'électeur. Six ans après je fus assez heureux pour être quelquefois le confident et l'organe de leurs relations.

Quand nous partîmes de Schwetzingen, son altesse fit promettre à Voltaire de revenir dès qu'il le pourrait. Celui-ci promit, et tint mieux cette parole que celle qu'il avait donnée à Frédéric. Il revint cinq ans après.

Nous couchâmes le 15 août à Rastadt, et le lendemain nous arrivâmes par Kehl à Strasbourg. Voltaire se fit descendre à une petite auberge, portant l'enseigne de l'*Ours blanc*.

On trouva extraordinaire qu'il se fût logé dans une hôtellerie peu connue, et située dans le plus mauvais quartier de la ville, tandis qu'il y avait à Strasbourg des hôtels renommés, où les voyageurs aisés avaient coutume de descendre. On n'épargna pas les suppositions et les conjectures ; enfin, après bien des contestations, on s'accorda à penser et à dire que Voltaire était un avare. J'avoue que cette auberge de l'*Ours blanc* contrastait un peu avec la dignité qu'il mettait dans ses voyages; mais on va voir combien l'on a tort d'ajouter foi aux apparences, et à quel point on doit être circonspect à juger les actions des hommes sur de simples conjectures. Ce qui passait pour un trait d'avarice, n'était dans le fonds qu'un effet de la bonté de son cœur. Un des garçons de l'auberge de l'Empereur à Mayence, nous avait servis avec une extrême attention. Son zèle et ses manières lui avaient gagné les bonnes graces de Voltaire. Ce garçon était de Strasbourg. Il nous dit que son père tenait dans cette ville l'auberge de l'*Ours blanc*, et nous supplia d'y aller loger. Cette attention d'un fils pour l'auteur de ses jours, toucha mon illustre compagnon de voyage, il promit ce qu'on lui demandait. Il espérait en outre achalander l'auberge de cette famille en y séjournant.

Duvernet, dans la vie de Voltaire, le fait passer immédiatement de la cour palatine à l'abbaye de Senones; ce passage du palais d'un prince dans la cellule d'un couvent, a été imaginé par l'auteur, pour offrir un grand contraste dans les aventures de Voltaire. Duvernet a sacrifié l'exactitude au plaisir de faire une antithèse. On a vu que ce grand homme se rendit de Schwetzingen à Strasbourg, et bientôt on reconnaîtra qu'il fit à Colmar, un séjour d'environ dix mois avant d'aller à Senones et à Plombières.

Nous étions depuis quelques jours à l'auberge de l'*Ours blanc*, lorsque nous fîmes la connaissance de M. Defresney, fils de la directrice de la poste aux lettres en Alsace, jeune homme rempli d'esprit et d'imagination. Voltaire goûta beaucoup sa société. Il fut souvent question dans leurs entretiens du plaisir de vivre à la campagne. M. Defresney lui proposa une petite maison située à peu de distance de la ville, proche la porte des Juifs ; auprès était un grand potager : cette maisonnette appartenait à madame Léon qui avait permis que Voltaire allât l'habiter ; l'offre fut acceptée et nous allâmes nous y installer le 21 août.

Tout ce que Strasbourg avait de personnes distinguées par leur naissance ou leurs talens, tous les étrangers de marque, venaient visiter Voltaire dans son modeste hermitage ; Voltaire éprouvait dans cette demi-solitude une satisfaction qu'il n'avait pas ressentie depuis plusieurs années. Il se retrouvait sur le territoire français ; ceux qui s'empressaient de le visiter apportaient avec eux des manières polies et le ton national. Il était vu partout comme un concitoyen illustre, l'ornement et l'orgueil de la patrie. Voltaire en Allemagne n'était, si j'ose m'exprimer ainsi, qu'un Voltaire forcé, et les distinctions dont les grands l'honorèrent alors ne durent pas avoir pour lui le prix et les charmes des preuves d'estime que lui donnèrent ses compatriotes.

Il continua dans cette maison de campagne *les Annales de l'empire*; la comtesse de Lutzelbourg vivait retirée dans son château de l'Isle *Jar*, situé auprès de notre retraite. Voltaire allait quelquefois y passer des soirées qui le délassaient du plus ingrat et du plus pénible travail qu'il ait jamais entrepris.

Le célèbre Schœpflin vivait alors à Strasbourg; Voltaire voulut connaître et consulter, sur l'histoire d'Allemagne, ce professeur qui s'était fait un nom comme historien. Il en tira pour son ouvrage des renseignemens précieux. L'auteur des *Annales* lui proposa de lire ce qu'il en avait fait et de lui indiquer ses observations. Schœpflin, trop occupé par les devoirs de sa place, ne put accepter : il conseilla à Voltaire de s'adresser au professeur Lorentz. Celui-ci se chargea

avec

avec plaisir de parcourir le manuscrit (1) et en fit disparaître les taches qui devaient nécessairement exister dans un ouvrage commencé pour plaire à la princesse de Saxe-Gotha, et écrit rapidement dans le désordre et les désagrémens de notre voyage. Toute sa vie Voltaire, malgré sa supériorité, consulta sur ses productions, les personnes dont les talens étaient appropriés au genre dans lequel il écrivait. Ses amis ou les gens de lettres à qui il remettait ainsi ses manuscrits, les prêtaient inconsidérément; de là, ces éditions clandestines et défectueuses, imprimées par des libraires avides et contre lesquelles il était sans cesse obligé de réclamer.

Ce fut à Strasbourg que je vis pour la première fois M. Lamey, alors secrétaire du professeur Schœpflin, et qui dans la suite se fit une grande réputation par ses recherches sur l'histoire du moyen âge et par ses connaissances dans les antiquités romaines; dix ans après nous nous retrouvâmes à Mannheim, à

---

(1) Il faut rendre à chacun ce qui lui appartient. Le marquis de Luchet et d'autres biographes ont dit que c'était Schœpflin qui avait rectifié les erreurs qui s'étaient glissées dans cet ouvrage.

la même cour et membres de la même académie.

Le projet de Voltaire était de s'arrêter dans la province d'Alsace jusqu'à ce qu'il eût irrévocablement fixé le lieu de sa retraite ; cette détermination dépendait des nouvelles que sa nièce devait lui faire parvenir de Paris où elle s'était rendue en quittant Francfort. Elle y employait le crédit de ses amis pour connaître les intentions du roi au sujet de son oncle et pour obtenir qu'il pût rester en paix dans sa patrie. Elle l'aimait de l'amitié la plus tendre, et son désir était de vivre avec lui dans la capitale. Elle apporta le plus grand zèle dans les démarches qui pouvaient faire réussir cette entreprise ; mais elle trouva beaucoup d'obstacles : des âmes scrupuleuses et timorées craignaient la présence de Voltaire. La faction des prêtres était la plus acharnée et la plus redoutable. Il recevait d'elle le détail exact de tout ce qu'elle faisait, et rien encore n'annonçait qu'il pût continuer son voyage vers l'intérieur de la France.

Obligé de rester en Alsace, il se décida à aller habiter Colmar. Le frère du professeur Schœpflin y avait des presses ; il lui proposa l'impression des *Annales de l'Empire* qui tiraient à leur fin. Cette offre fut acceptée. Nous fîmes sur-le-champ nos dispositions pour ce changement de séjour. Le 2 octobre 1753 nous quittâmes la maison de madame de Léon et nous arrivâmes à Colmar le même jour. Voltaire loua un appartement dans la maison de monsieur Goll.

Cette ville offrait à Voltaire l'avantage d'y faire imprimer sous ses yeux un de ses ouvrages; il trouvait dans les personnes composant le conseil souverain d'Alsace une société agréable et des ressources littéraires, et il était, aussi-bien qu'à Strasbourg, à portée de recevoir et d'attendre le résultat des négociations de sa nièce. Dès notre arrivée, *les Annales* furent mises sous presse.

Que de vicissitudes éprouva ce grand homme depuis son départ de Potzdam, jusqu'à ce qu'il eût trouvé une retraite digne de lui! Favori de Frédéric en Prusse, prisonnier à Francfort, estimé et admiré dans une ville, maltraité dans une autre, tantôt habitant des palais somptueux, tantôt logé dans des gargottes, servi naguère de la cuisine d'un roi, un cabaretier fournit sa table à Colmar. Suivons-le encore dans ses goûts et dans ses fantaisies. J'écris une époque de sa vie sur laquelle les historiens ont passé légèrement, parce qu'ils manquaient de renseignemens. Un homme errant comme l'était alors Voltaire, prête peu de matériaux à l'histoire. Ce n'est que depuis son établissement auprès du lac de Genève qu'il a été possible de recueillir sur sa vie des détails exacts et authentiques.

Voltaire apprend que son imprimeur possède une papeterie à six lieues de Colmar, auprès des montagnes des Vosges et de la petite ville de Munster. Nous nous y rendons; nous trouvons un grand bâtiment isolé, exposé aux quatre vents et qui ne promettait pas des logemens bien commodes. Voltaire s'enterra pendant quinze jours dans cette solitude, sans voir personne. Les ouvriers et les filles employés aux travaux de la papeterie étaient les seuls habitans de ce lieu. Ils ne pouvaient nous servir qu'à faire nos chambres et notre cuisine. Un Français, nommé Bellon, chargé pour le gouvernement de veiller à la quantité de papiers que cette manufacture fournissait, pour la fabrication des cartes à jouer, était le seul homme à qui on pût raisonnablement parler. Il jouait passablement aux échecs, le seul jeu que Voltaire aimât; avec la promenade, nous n'avions pas d'autre amusement.

Dans le voisinage de la papeterie était le château de *Horbourg* dépendant d'une terre seigneuriale qui appartenait au duc de Wurtemberg et qui avait été hypothéquée à Voltaire pour une somme d'argent prêtée à ce prince. Il pensait à en faire l'acquisition, pour peu que le château fût habitable. Le 23 octobre nous y fîmes une excursion. Nous ne trouvâmes que des masures et des terres mal cultivées, et nous revînmes le même jour dans notre manoir. On voit que Voltaire n'avait pas alors l'intention de quitter la France pour s'établir dans un pays étranger. Le 28 octobre nous quittâmes notre séjour des montagnes et retournâmes à Colmar.

Notre résidence en cette ville ne devait finir que quand les lettres de Paris auraient indiqué à Voltaire le parti qu'il pourrait prendre. La faction qui voulait l'éloigner, s'agitait toujours. Colmar est situé de manière à entrer en peu de tems dans la Suisse et dans l'Allemagne, ou à se transporter dans l'intérieur de la France. En attendant l'époque qui devait fixer sa destinée, Voltaire prit la résolution de monter un ménage dont je fus le directeur. Une jeune fille de Montbéliard, qui parlait allemand et français, fut notre cuisinière. Babet avait de la gaîté, de l'esprit naturel, aimait à causer et avait l'art d'amuser Voltaire. Elle avait pour lui des attentions et des prévenances que les serviteurs n'ont point ordinairement pour leurs maîtres; il la traitait avec bonté et complaisance. Je plaisantais souvent Babet sur son empressement, elle répondait en riant et passait.

Notre manière de vivre était paisible et uniforme. Le grand homme dont j'étais commensal, portait un cœur sensible, un esprit égal et tolérant, jamais l'ennui ne venait altérer son humeur; avec de telles qualités, il établissait sans peine dans sa maison l'accord domestique, partie essentielle du bonheur de la vie privée.

Je jouais ordinairement aux échecs avec lui, après le dîner. Jamais je ne connus à Colmar ce père Adam, dont presque tous les auteurs prétendent qu'il fit la connaissance en cette ville, et avec lequel, plusieurs années après, il jouait à ce jeu au château de Ferney. Aucun jésuite ne vint voir Voltaire à Colmar; ces religieux avaient alors des raisons pour ne pas le voir, il en avait pour les craindre. Quelques amis, des conseillers et avocats au conseil souverain d'Alsace, formaient sa société ordinaire. Parmi ces derniers, il distinguait M. Dupont, homme aimable, doué d'une imagination vive et enjouée, amateur de littérature, et avec lequel il fut ensuite en commerce de lettres.

1754. L'année 1754 ne fut pas, dans la vie de Voltaire, moins fertile en incidens que l'année précédente. L'avidité et les chicanes des libraires, la malveillance des envieux, l'injustice des critiques, l'assiégèrent plus que jamais, et pour combler la mesure, les persécutions religieuses l'obligèrent de quitter la France.

Dès le commencement de cette année, la tranquillité dont il jouissait, fut troublée par un de ces événemens contre lesquels toute la prudence humaine est impuissante. Jean Néaulme, libraire hollandais, était parvenu à se procurer un manuscrit informe et fautif de Voltaire. Il le fit arranger par quelque barbouilleur, et imprimer à la Haye, sous le titre d'*Abrégé d'Histoire universelle, par M. de Voltaire*, 1753, sans en donner avis à l'auteur. On avait à dessein, tronqué des phrases qui, présentées de la sorte, ne pouvaient que fournir des armes aux persécuteurs de ce grand homme. On se disposait effectivement à s'en servir, à faire brûler le livre et à tourmenter l'écrivain, lorsque Voltaire reçut de Paris le véritable manuscrit. Pour faire connaître au public qu'il n'avait aucune part à l'impression de cet ouvrage informe et malignement altéré, il fit dresser, par deux notaires, un procès-verbal, contenant la confrontation de l'*Abrégé*, publié par Jean Néaulme, avec le manuscrit venu de Paris.

Cet acte mérite d'être connu. Il fut dicté par Voltaire, et montre quelle était sa conduite lorsqu'un événement de cette nature menaçait son repos; on verra aussi de quelle manière, en ajoutant ou retranchant un mot, on peut rendre une phrase odieuse et blâmable. Cette pièce, d'ailleurs, ne sera pas inutile aux amateurs et aux gens de lettres entre les mains de qui cette édition pourrait se trouver.

Procès-verbal *concernant un livre intitulé :* Abrégé de l'Histoire universelle, *attribué à M. de Voltaire. Chez Jean Néaulme, libraire, à La Haye et à Berlin,* 1753.

Cejourd'hui, 22 février 1754, fut présent devant les soussignés notaires, Messire François-Marie-Arouet de Voltaire, gentilhomme ordinaire de la chambre du roi, et membre de l'académie française, de celles de Rome, de Boulogne, de Toscane, d'Angleterre, d'Ecosse et de Russie; lequel nous a représenté un manuscrit in-4°., usé de vétusté, relié en un carton, qui paraît aussi fort vieux, intitulé : *Essais sur les révolutions du monde, et sur l'Histoire de l'esprit humain, depuis le tems de Charlemagne jusqu'à nos jours,* 1740. Lequel dit sieur comparant a dit avoir reçu hier, vingt-un du courant, venant de sa bibliothèque de Paris, dans un paquet contre-signé *Bouret.*

Il nous a montré pareillement un livre imprimé en deux volumes *in-*12, intitulé: *Abrégé de l'Histoire universelle, depuis Charlemagne jusqu'à Charles-Quint, par*

M. *de Voltaire*, à *La Haye*, chez *Jean Néaulme*, en *l'année* 1753; et nous avons reconnu que ledit abrégé était, en quelque partie, tiré du manuscrit dudit sieur comparant à nous exhibé, en ce que tous deux commencent de la même façon : *Plusieurs esprits infatigables ayant*, etc.

Nous avons pareillement reconnu la différence très-grande, qui est entre ledit manuscrit et ledit imprimé, par les observations suivantes :

1°. Nous avons trouvé à la première page du manuscrit, ligne 3 : *Les historiens ressemblent en cela à quelques tyrans dont ils parlent; ils sacrifient le genre humain à un seul homme.*

Et dans l'édition de Jean Néaulme nous avons trouvé : *Les historiens semblables en cela aux rois, sacrifient le genre humain à un seul homme.*

Sur quoi l'auteur a protesté qu'il se pourvoirait en tems et lieu contre ceux qui ont défiguré son ouvrage d'une manière si odieuse.

2°. Page 39 du manuscrit : *Le roi de Perse eut un fils qui, s'étant fait chrétien, fut indigne de l'être, et se révolta contre lui.*

Dans l'édition de Jean Néaulme on a supprimé malignement ces mots essentiels : *fut indigne de l'être.*

3°. Page 46, du manuscrit, à l'article de Mahomet : *Le vulgaire Turc qui ne voit pas ces fautes, les adore, et les imans n'ont pas de peine à persuader ce que personne n'examine.*

On a mis dans l'imprimé : *Le vulgaire qui ne voit point ces fautes, les adore, et les docteurs emploient un déluge de paroles pour les pallier.* Cette affectation de mettre *docteurs* à la place d'*imans* nous a paru sensible.

4°. Page 65, du manuscrit : *Il était impossible de ne pas révérer une suite presque non interrompue de pontifes, qui avaient consolé l'église, étendu la religion, adouci les mœurs des Herules, des Goths, des Vandales, des Lombards et des Francs.*

Tout ce passage qui contient plus de deux pages est entièrement oublié dans l'édition de Hollande, etc. etc. etc. etc.

Par quoi l'auteur se plaint de l'ignorance, autant que de la mauvaise-foi de celui qui a vendu à Jean Néaulme un manuscrit si différent du véritable.

L'auteur nous a dit qu'il attend incessamment de Paris le second volume de son manuscrit, qui est aussi épais que le premier, et qui finit au tems de Philippe second, et qu'ainsi, son véritable ouvrage est huit fois plus ample que celui qu'on a mis sous son nom. Nous avons en outre confronté le manuscrit du premier tome avec l'édition de Jean Néaulme, et nous n'avons pas trouvé une seule page dans laquelle il n'y ait de grandes différences.

Et le sieur comparant a protesté contre l'édition que Jean Néaulme a osé mettre abusivement sous son nom, la déclarant subreptice, la condamnant comme remplie d'erreurs et de fautes, et digne du mépris de tous les lecteurs.

De tout ce que dessus, etc.

Ce désaveu fut rendu public. Il écrivit en même tems au libraire Jean Néaulme la lettre suivante, remarquable par le ton de modération qui y règne (1).

---

(1) Elle n'est point dans les œuvres complètes.

A Colmar, 28 février 1754.

« J'ai lu avec attention et avec douleur le livre intitulé : *Abrégé de l'Histoire universelle*, dont vous dites avoir acheté le manuscrit à Bruxelles. Un libraire, de Paris, à qui vous l'avez envoyé, en a fait sur-le-champ une édition aussi fautive que la vôtre. Vous auriez bien dû au moins me consulter avant de donner au public un ouvrage aussi défectueux. En vérité, c'est la honte de la littérature. Comment votre éditeur a-t-il pu prendre le huitième siècle pour le quatrième, le treizième pour le douzième, le Pape Boniface VIII pour le pape Boniface VII ? Presque chaque page est pleine de fautes absurdes : tout ce que je peux vous dire, c'est que tous les manuscrits qui sont à Paris, ceux qui sont entre les mains du roi de Prusse, de monseigneur l'électeur Palatin, de madame la duchesse de Gotha, sont très-différens du vôtre. Une transposition, un mot oublié, suffisent pour former un sens absurde ou odieux. Il y a malheureusement beaucoup de ces fautes dans votre ouvrage. Il semble que vous ayez voulu me rendre ridicule, et me perdre, en imprimant cette informe rapsodie, et en y mettant mon nom. Votre éditeur a trouvé le secret d'avilir un ouvrage qui aurait pu devenir très-utile. Vous avez gagné de l'argent ; je vous en félicite. Mais je vis dans un pays où l'honneur des lettres et les bienséances me font un devoir d'avertir que je n'ai nulle part à la publication de ce livre, rempli d'erreurs et d'indécences, que je le désavoue, que je le condamne, et que je vous sais très-mauvais gré de votre édition ».

V.

Jean Néaulme garda le silence, et on cessa de persécuter Voltaire, qui ne pouvait être responsable des sottises mises sous son nom afin de les mieux débiter.

Une autre inquiétude vint succéder à cette tracasserie typographique. Madame Denis instruisait son oncle, que de Versailles on avait les yeux sur lui, qu'il avait été suivi partout depuis son départ du Brandebourg, et qu'il était même épié dans cette partie frontière de la France où il se trouvait alors ; qu'on le regardait comme une brebis infectée, capable de communiquer la contagion partout où il se trouverait. Quelques ministres des autels prenaient le soin charitable d'entretenir ces craintes. Il s'agissait de trouver un moyen de les dissiper.

C'était au mois d'avril; Pâques approchait. Des espions étaient déjà apostés pour examiner si Voltaire remplirait, dans cette fête, les devoirs imposés par l'église. Ses amis de Paris furent informés de l'épreuve par laquelle on voulait le juger, épreuve plus propre à conduire un homme à l'hypocrisie et à la profanation, qu'à en faire un bon catholique. Ils lui en firent part, et l'engagèrent à céder à la nécessité. Ils voyaient dans cette démarche, un expédient pour rassurer les esprits et pour obtenir la permission de se rendre dans la capitale.

Voltaire me demanda un jour si je ferais mes Pâques. Je lui répondis que c'était mon intention. « Eh bien, me dit-il, nous les fe- » rons ensemble ». On prépara tout pour cette cérémonie. Un capucin vint le visiter; j'étais dans sa chambre, lorsque ce religieux arriva. Après les premiers propos, je m'éclipsai et ne revins qu'après avoir appris que le capucin était parti. Le lendemain nous allâmes ensemble à l'église, et nous communiâmes l'un à côté de l'autre.

J'avoue que je profitai d'une occasion aussi rare pour examiner la contenance de Voltaire pendant cet acte important. Dieu me pardonnera cette curiosité et ma distraction, je n'en eus pas moins de ferveur. Au moment où il allait être communié, je levai les yeux au ciel, comme pour l'exaucer, et je jetai un coup-d'œil subit sur le maintien de Voltaire. Il présentait sa langue et fixait ses yeux bien ouverts sur la physionomie du prêtre. Je connaissais ces regards-là.

En rentrant il envoya au couvent des capucins douze bouteilles de bon vin et une longe de veau. C'est à l'occasion de cette pâque que l'on se donnait à Paris comme nouvelle, que Voltaire venait de faire à Colmar, sa première communion. On verra que pour ses affaires temporelles et pour le but auquel cette communion tendait, elle fut en pure perte.

Il fallait cependant prendre un parti. Voltaire n'était pas fait pour rester en transfuge sur la lisière de la France. On ne voulait pas qu'il rentrât dans le sein de sa patrie, de crainte, disait-on, qu'il n'y propageât des principes corrupteurs, comme s'il restait

alors

alors quelque chose à corrompre à Versailles ou à Paris. Des opinions ne peuvent porter atteinte à la religion d'un pays lorsque l'on ne se donne pas la peine de les faire remarquer; elles restent alors inconnues au vulgaire, et le vulgaire compose la majorité de l'état. Mais, sévir publiquement contre l'auteur d'un livre dangereux, c'est fixer l'attention générale sur des objets dont on ne se fût pas occupé, c'est répandre les principes que l'on condamne. Ne serait-ce pas cette politique dangereuse qui a contribué à l'état déplorable dans lequel la France a été plongée pendant plusieurs années?

Voltaire avait besoin de se concerter avec sa nièce, qui conduisait et négociait cette affaire, tant à Paris qu'à Versailles. Il fut décidé qu'il irait à Plombières, où madame Denis le rejoindrait, et qu'ensuite ils reviendraient ensemble à Colmar. Rien n'était plus naturel que cet arrangement. Il était habituellement maladif, ou censé l'être de naissance; on savait qu'il faisait un fréquent usage de casse et de rhubarbe, qu'il ne se soutenait qu'en prenant du café et du quinquina, et qu'il se chauffait été comme hiver. Le voyage de Plombières ne pouvait donc passer que pour un besoin réel de prendre les eaux et de rétablir une santé délabrée; mais ce besoin n'était que fictif. Par ce moyen, il donnait le change à ses ennemis. Ils se flattaient, en le voyant aller chercher la santé au milieu des montagnes des Vosges, d'être bientôt débarrassés de lui et des craintes qu'il leur causait; mais il les tint encore vingt-quatre ans en haleine.

Il partit de Colmar, le 8 juin 1754, et ne prit avec lui qu'un domestique et son copiste. Je restai pour veiller à l'impression des *Annales de l'Empire*, et pour avoir soin de ses effets, de ses livres et des manuscrits. Il ne se rendit pas directement à Plombières. Depuis long-tems il avait projeté d'aller visiter l'abbaye de Senones et faire des recherches dans la bibliothèque des bénédictins de ce couvent. Voici une lettre qu'il avait écrite six ans auparavant au célèbre dom Calmet, abbé de Senones (1).

---

(1) Cette lettre n'est pas dans les œuvres complètes.

de Luneville, 13 février 1748.

« Je préfère, Monsieur, la retraite à la cour, et les grands hommes aux rois. J'aurais la plus grande envie d'aller passer quelques semaines avec vous et vos livres. Il ne me faudrait qu'une cellule chaude ; et pourvu que j'eusse du potage gras, un peu de mouton et des œufs, j'aimerais mieux cette heureuse et saine frugalité, qu'une chère royale. Enfin, Monsieur, je ne veux pas avoir à me reprocher d'avoir été si près de vous, et n'avoir point eu l'honneur de vous voir. Je veux m'instruire avec celui dont les livres m'ont formé, et aller puiser à la source. Je vous en demande la permission ; je serai un de vos moines ; et ce sera Paul qui ira visiter Antoine. Mandez-moi si vous voulez bien me recevoir en solitaire ; en ce cas, je profiterai de la première occasion que je trouverai ici, pour aller dans le séjour de la sagesse.

» J'ai l'honneur d'être, etc. »

Voltaire s'arrêta à Senones trois semaines, occupé à faire des extraits de la belle bibliothèque de cette abbaye. Cette retraite convenait à son goût pour le travail, et à sa passion d'acquérir de nouvelles connaissances. Il y eût sans doute resté plus long-tems, s'il n'eût promis à sa nièce, à monsieur et à madame d'Argental, d'aller les rejoindre à Plombières. Je place encore ici une lettre qu'il écrivit des eaux, à dom Calmet, et dans laquelle il exprime le regret qu'il éprouvait, d'avoir quitté cette solitude (1).

A Plombières, 16 juillet 1755.

« La lettre dont vous m'honorez, augmente mon regret d'avoir quitté votre respectable et charmante solitude ; je trouvais chez vous bien plus de secours pour mon ame que je n'en trouve à Plombières pour mon corps. Vos ouvrages et votre bibliothèque m'instruisaient plus que les eaux de Plombières ne me soulagent. On mène d'ailleurs ici une vie un peu tumultueuse, qui me fait chérir encore davantage cette heureuse tranquillité dont je jouissais avec vous. J'ai pris la liberté de faire mettre à part quelques livres des savans d'Angleterre pour votre bibliothèque ; mais on n'a envoyé chez Debure que les livres écrits en langue anglaise ; j'ai donné ordre

---

(1) Cette lettre, ainsi que la précédente, n'est point dans les œuvres complètes de Voltaire.

qu'on y joignit les latins. Ce sont au moins des livres rares qui seront bien mieux placés dans une bibliothèque comme la vôtre que chez un particulier. Il faut de tout dans la belle collection que vous avez. Je vous souhaite une santé meilleure que la mienne, et des jours aussi durables que votre gloire et que les services que vous avez rendus à quiconque veut s'instruire. Je serai toute ma vie, avec le plus respectueux et le plus tendre attachement, monsieur, votre, etc. » V.

Voltaire partit de Senones au commencement de juillet; il se rendit à Plombières d'où il revint à Colmar avec madame Denis.

Il m'écrivit, pendant ce voyage, quelques billets qui ne seront peut-être pas sans intérêt; ils ont ceci de particulier, qu'ils sont moitié en français, moitié en italien, nouveauté pour ceux qui seront curieux de savoir comment Voltaire écrivait en cette dernière langue (1). Ils feront voir aussi de quelle manière ce grand homme traitait ces petits détails, incompatibles en apparence avec ses immenses tra-

---

(1) Il existe des lettres de Voltaire à Algarotti, écrites en français, en italien et en anglais, tout à la fois.

vaux. Ce sont moins des billets que des notes tracées à la hâte et en courant, dans lesquelles il me donnait des conseils sur l'impression de ses annales, ou sur les moyens que je devais employer pour correspondre avec lui.

9 juin 1754.

Voltaire était en route pour se rendre à l'abbaye de Senones. Il m'avait chargé de lui faire parvenir les épreuves des Annales de l'Empire, avant le tirage. Mais il était mauvais correcteur d'imprimerie; il l'avoue lui-même un peu plus bas.

« En passant par Saint-Dié, je corrige la feuille; je la renvoie; je recommande à M. Colini les *lacunes* de Venise : il aura la bonté de faire mettre un *g* au lieu du *c*. Et ces chevaliers, qui sortent de *son* pays; on peut d'un *son* faire aisément un *leur*. *Io non so ancora quanti giorni o quante ore mi tratterò nella Badia. Scriverò al signor Colini e gli dirò dove egli m'indirizzerà le mie lettere. Il suo amico.* V. (1)

---

(1) Je ne sais pas encore combien de jours ou combien d'heures je m'arrêterai à l'abbaye. J'écrirai à M. Colini, et je lui dirai où il m'adressera mes lettres. Son ami.

» Je le prie de mettre l'incluse pour madame Denis à la poste de Colmar. Mille complimens à M. et madame Dupont, à M. Schœpflin *e a tutti quanti*, (et à tout le monde). »

A Senones . . . . . 1754.

« *Mi capita oggi la lettera dell' undecimo. Mi rincresco del viaggio che fà il pacchetto ch'ella a mandato à Plombières. La prego di scrivere ancora a Senones almeno una volta, et di farmi sapere se trà le lettere à me indirizzate ve ne fosse alcuna di M. Denis* (1). Il faut que l'on attende pour la préface. Mille complimens à M. le major, et à tous ceux qui se souviennent de moi. J'ai bien à cœur la copie du manuscrit concernant l'histoire. (*Campagnes de Louis XV.*) »

A Senones 23 juin.

« Je n'ai point encore le paquet de lettres envoyé à Plombières ; je prie M. Colini de

___

(1) Je reçois aujourd'hui la lettre du 11. Je suis fâché du voyage que fait le paquet que vous m'avez envoyé à Plombières. Je vous prie d'écrire encore au moins une fois à Senones, et de me faire savoir si, parmi les lettres qui m'ont été adressées, il ne s'en trouve pas de madame Denis.

m'écrire à Senones. Je suppose qu'il a mandé à M. Turckeim (banquier de Strasbourg) de recevoir un paquet que les banquiers Bauer et Méville doivent avoir reçu pour moi.

» Il est bien triste que je ne puisse corriger la préface qui court les champs; il n'y a qu'à attendre. A-t-on corrigé à la main les deux fautes essentielles qui sont dans le corps du livre? Comment va la copie du manuscrit? J'espère que M. Colini aura l'attention de m'écrire à Senones. Les lettres me seront renvoyées à Plombières très-fidèlement, sitôt que ma santé me permettra de m'y transporter. Mes complimens à tous ceux qui m'ont marqué de la bonté. »

A Senones, 24 juin 1754.

« *Al fine ò ricevuto il gran pacchetto* (1); je garde la demi-feuille, ou pour mieux dire la feuille entière imprimée. Je n'y ai trouvé de fautes que les miennes; vous corrigez les épreuves bien mieux que moi; corrigez donc le reste sans que je m'en mêle et que M. Schœpflin fasse d'ailleurs comme il l'entendra; mais je m'aperçois que vous avez envoyé encore

―――――――――――

(1) J'ai enfin reçu le grand paquet.

une autre épreuve à Plombières avec des lettres. J'ai écrit et n'en ai encore rien reçu. Je compte partir pour les eaux dans trois ou quatre jours, et il arrivera que vos paquets me seront renvoyés à Senones quand je n'y serai plus. Ne m'envoyez donc rien jusqu'à ce que je vous écrive et que je sois fixé. Surtout ne m'envoyez point par la poste de gros paquets imprimés. Voici un petit mot pour M. Dupont et un autre pour madame Goll.

» Gardez le paquet que M. Turckeim vous a remis ; je ferai réponse à M. Adami quand je serai à Plombières. Je vous embrasse de tout mon cœur. »   V.

A Senones, le 26 juin 1754.

« Un messager de Saint-Dié vous rendra cette lettre. Je vous prie de prendre la clef de l'armoire dans laquelle il y a quelques livres. Cette armoire est derrière le bureau du cabinet, et la clef de cette armoire est dans un des tiroirs du bureau à main droite. Vous y trouverez trois exemplaires du siècle de Louis XIV et du supplément, brochés en papier. Je vous prie d'en faire un paquet avec cette adresse : A dom Pelletier, curé de Senones, et de donner le paquet au porteur. Je vous embrasse. »   V.

A Senones, le 2 juillet 1754.

On a vu dans un des billets qui précèdent que Voltaire me recommandait la copie d'un manuscrit. Tel était son caractère ; dès qu'un ouvrage était commencé, il aurait voulu le voir fini le lendemain ; l'impatience le dévorait. Je lui répondis que je le priais de ne point m'accuser de négligence et que je travaillais autant que possible à le satisfaire. Il me répond ici avec cette bonté qui succédait toujours en lui à la vivacité.

« En réponse à votre lettre du 25 juin, je vous dirai que je ne suis nullement pressé ni inquiet de la copie que vous faites, mais que je serai bien aise de la trouver faite à mon retour dans un mois. J'envoie à M. Schœpflin l'épître dédicatoire (à madame la duchesse de Saxe-Gotha). Je lui ai écrit au sujet de la fausse nouvelle qu'on lui a mandée. Je le crois trop sensé pour avoir laissé soupçonner au fils du chancelier de France (M. de Malsherbes), qu'il le croyait capable d'avoir abusé de l'exemplaire qu'on lui a envoyé. Il n'a pas entendu ses intérêts en imprimant quatre mille exemplaires. Il les entendrait mieux s'il avait des correspondances assurées. Je lui ai envoyé un petit billet pour madame Goll, dont vous ne me parlez jamais.

» Je pars enfin pour Plombières, où j'espère avoir de vos nouvelles. Je vous embrasse de tout mon cœur. »

A Plombières, le 6 juillet 1754.

L'imprimeur, M. Schœpflin, craignait que l'on n'abusât à Paris du manuscrit envoyé à M. de Malsherbes et que l'on ne fît une contrefaçon des Annales.

« Je répète *al signor Colini* qu'il est bien meilleur correcteur d'imprimerie que moi. Je le prie de m'envoyer l'épître dédicatoire et la préface entière, imprimées ; d'avoir soin de ces deux grosses fautes de ma façon, qui se sont glissées sur la fin du second volume.

» Je suis au désespoir ; je crains que M. de Malsherbes n'ait remis à des libraires de Paris, l'exemplaire que je lui envoyai de concert avec M. Schœpflin, pour le soumettre à ses lumières et pour l'engager à le protéger. J'ai peur qu'il n'ait été choqué de ce que M. Schœpflin lui a écrit. Dites-lui bien, je vous en prie, qu'il n'a autre chose à faire qu'à envoyer vîte de tous côtés... Recommandez-lui la plus prompte diligence; j'écris la lettre la plus forte à M. de Malsherbes.

» Que l'électeur Palatin ait dans huit jours ses exemplaires, et que le livre soit en vente. Je l'ai averti, il y a quatre mois, de prendre ses précautions; je vous embrasse. »

V.

A Plombières, 12 juillet 1754.

« M. Mac-Mahon, médecin de Colmar, m'a apporté votre paquet. Vous me ferez un plaisir extrême de hâter la reliure des deux volumes en maroquin pour S. A. E. (palatine), et de les envoyer par la poste à madame Defresney, en la priant de les faire tenir par les chariots. Tâchez qu'au moins l'épître soit dans ces deux volumes avant la préface. Mille tendres amitiés à madame Goll; j'espère la venir voir avec ma nièce. »

V.

Ces billets sont assurément d'un faible intérêt; mais ils sont de la main de Voltaire, de cette main qui composa des chef-d'œuvres dans tous les genres; et l'on peut éprouver quelque satisfaction à connaître comment il écrivait sur des choses simples et communes, et combien à cet égard il se rapprochait ou s'éloignait des autres hommes.

L'entrevue, à Plombières, de Voltaire avec sa nièce, fixa le parti qu'il voulait prendre; de retour à Colmar, au commencement du mois d'août, Voltaire fit faire peu à peu des préparatifs qui annonçaient un départ prochain; cependant il y resta encore trois mois. Madame Denis, en me revoyant, me témoigna de la joie et de l'amitié. Le malheur commun dans lequel nous avions été enveloppés à Francfort, notre arrestation, notre emprisonnement, dont nous nous rappelions toutes les circonstances, avaient établi entre nous un attachement réciproque. La douceur de son caractère, son esprit, son goût pour les arts et pour la littérature, son talent pour la musique, le ton affectueux et aimable qu'elle apportait dans la société, la sensibilité de son ame commandaient à tous ceux qui la connaissaient l'estime et les égards. Elle n'était plus jeune; mais ses qualités lui tenaient lieu des avantages que son sexe tire de la jeunesse et de la beauté.

Enfin, après un séjour de treize mois à

Colmar, nous quittâmes cette ville le 11 novembre, et prîmes la route de Lyon : le maréchal duc de Richelieu lui avait donné depuis long-tems rendez-vous dans cette cité. Madame Denis et moi, une femme de chambre, le copiste et un domestique formions toute sa suite.

Nous traversâmes la Haute-Alsace, la Franche-Comté et la Bourgogne ; nous arrivâmes à Lyon le 15 du même mois. Il ne nous arriva rien de remarquable pendant ce voyage. Voltaire le fit gaîment ; la faiblesse, les ridicules ou la méchanceté des hommes, lui fournissaient une source intarissable de plaisanteries et de bons mots ; son humeur était toujours égale, même au milieu des souffrances que lui faisaient éprouver ses infirmités : une goutte sciatique le tourmentait alors ; il en badinait et nous faisait partager sa gaîté.

Les Lyonnais l'accueillirent avec enthousiasme ; le commerce et les lettres qui paraissent incompatibles dans le même lieu, se trouvaient alors réunis dans cette ville. Voltaire y trouva M. de Bordes (g), l'abbé Pernetti et plusieurs savans qui s'empressèrent de lui en rendre le séjour agréable. Il fut invité à une séance de l'académie des sciences et belles-lettres, où on le reçut avec toute la distinction due à son nom et à ses écrits. Il passa quelques jours avec le maréchal de Richelieu qui se rendait aux états de Languedoc.

Un des principaux événemens qui marquèrent le séjour de Voltaire à Lyon, fut sa visite au cardinal de Tencin, archevêque de cette ville. Un jour il me pria de l'accompagner. Après avoir fait une toilette de cérémonie, nous montâmes dans un beau carrosse de remise, qui nous conduisit à l'église primatiale de Saint-Jean. Nous traversâmes une longue enfilade de pièces ; sa goutte le rendait faible et je lui donnais le bras pour le soutenir ; enfin nous arrivons dans l'antichambre de monseigneur ; elle était pleine de courtisans de toute espèce. On annonce Voltaire au cardinal ; il entre seul ; un instant après il sort, me reprend le bras et nous regnagnons au plus vîte et en silence notre carrosse. « Voilà, disais-je en moi-même, une plaisante visite ». Quand nous fûmes dans la voiture, Voltaire un peu rêveur ne m'adressa que ces mots : « Mon ami, ce pays n'est pas fait pour moi ». Il m'apprit peu de tems après que son excellence lui ayant dit qu'il ne pouvait lui donner à dîner, parce qu'il était mal à la cour, cette phrase ridicule et digne d'un esclave, lui avait fait tourner le dos au prélat et sortir à l'instant.

Il fut reçu à peu près de même par l'officier qui commandait à Lyon; mais s'il fut accueilli par les dédains de personnages qui suivaient bassement les impulsions de la cour, il trouva de l'empressement et des attentions chez des hommes dont le mérite n'avait pas besoin d'être relevé par un chapeau de cardinal. Dans ses beaux jours de Potzdam, il avait vu dans son antichambre des princes et des personnes de marque. Les Lyonnais n'imitèrent ni la cour ni leur archevêque. Chaque fois que Voltaire paraissait au théâtre ou dans un lieu public, des acclamations et des applaudissemens unanimes servaient d'interprète à l'admiration qu'il excitait.

Il ne fallait plus songer à retourner à Paris; la protection du maréchal de Richelieu, les sollicitations de madame Denis, le zèle des amis qu'il avait à la cour n'avaient pu faire obtenir la permission de retourner dans la capitale. La cause de cette rigueur est encore dans cette avidité avec laquelle ses ouvrages
étaient

étaient recherchés et dans l'abus qu'en faisaient l'indiscrétion et la cupidité. Voltaire avait donné à quelques princes et à un très-petit nombre d'amis, des copies de la Pucelle. Ce poëme que l'auteur destinait à son amusement particulier et non à celui du public, fut colporté et lu dans les cercles; il passa, manuscrit, de main en main; on en fit des copies, qui, bientôt, se multiplièrent tellement, qu'elles se vendaient un louis. A l'indiscrétion, on ajouta la méchanceté; des vers orduriers qu'il n'avait point faits, des plaisanteries grossières contre la religion et contre le gouvernement, furent insérés dans cet ouvrage. Des murmures s'élevèrent contre l'auteur, les dévots furent scandalisés, et la cour ne voulut point consentir au retour d'un homme qui passait pour le corrupteur des mœurs et le plus grand ennemi du trône et de l'autel.

Voltaire prit enfin un parti, et après un mois et demi de séjour à Lyon, il se détermina à passer en Suisse avec sa nièce.

Nous partîmes de Lyon le 21 décembre, et arrivâmes le lendemain au soir, à Genève; les portes de la ville étaient fermées. On célébrait ce jour là, l'anniversaire de l'escalade, et cette circonstance rendait encore plus difficile l'ouverture des portes. On fit parvenir dans la ville le nom de Voltaire, et sur-le-champ l'ordre fut donné d'ouvrir à lui et à toute sa suite (1). Nous ne restâmes que trois ou quatre jours à une auberge de Genève, et nous passâmes dans le pays de Vaud, au château de Prangin, situé sur une élévation, près du lac Léman et de la petite ville de Nion.

1755. Le propriétaire de ce château avait permis à Voltaire de l'habiter aussi long-tems qu'il le voudrait; nous y passâmes le commencement de l'hiver de l'année 1755. Ce séjour était un tems de repos, destiné à choisir enfin une demeure où le philosophe pût achever en paix sa carrière, sans avoir rien à démêler avec les rois, leurs résidens et les cardinaux impolis. La beauté de cette contrée, la simplicité de ses habitans, la liberté dont on y jouissait, le voisinage même de la France, le détermi-

---

(1) C'était l'hospitalité des habitans de la Tauride. Quelques années après on voulut brûler sa maison et le chasser du territoire où il avait été si bien reçu, parce qu'il faisait jouer chez lui, Mérope, Tancrède et Olimpie.

nèrent à se fixer en ce pays. Jusqu'alors le soin du ménage m'avait été confié; je le laissai à madame Denis. Je restai chargé des affaires qui exigeaient des courses et l'entremise d'un homme. La petite ville de Nion, chef-lieu du bailliage de Vaud, nous fournissait tout ce qui était nécessaire aux besoins de la vie.

Nous vécûmes ainsi dans ce château l'espace de deux mois, pendant lesquels nous fûmes visités par plusieurs habitans de Lausanne et par les frères Cramer, libraires à Genève. Voltaire cependant ne négligeait pas son projet d'établissement, et cherchait à acheter quelque terre considérable. Il commença par louer la maison de campagne nommée *Monrion*, située dans le voisinage de Lausanne.

Voltaire s'y rendit, et quelque tems après acheta un beau domaine avec une maison de campagne, située à peu de distance de Genève, et connue alors sous le nom de *Sur-Saint-Jean*. Cette maison était dans la plus belle et la plus pittoresque des positions; elle dominait la ville et le lac de Genève. Plus loin, on découvrait les hautes Alpes et les glaciers de la Suisse : derrière la maison, de belles terrasses et des jardins délicieux offraient le plaisir de la promenade. Voltaire changea le nom de cette propriété et lui donna celui de *Délices*, qui était plus convenable. Il en fit alors sa demeure ordinaire, et y monta sa maison. Il passait quelques mois de l'hiver à *Monrion*, et le reste de l'année aux *Délices*. Son état était celui d'un riche particulier; sa table, à laquelle il ne paraissait le plus souvent que pour souper, était toujours abondamment servie, et ses équipages, dont ses commensaux et ses amis se servaient plus que lui, étaient aussi élégans que somptueux. Il ne manquait à tous ces agrémens qu'un théâtre. Voltaire voulut en faire construire un aux *Délices*; il fut en effet établi tant bien que mal. Quelques pièces même y furent jouées, mais des Genevois rigoristes, Jean-Jacques sur-tout, qui s'éleva avec tant d'éloquence contre les spectacles, se récrièrent sur cette nouveauté, et Voltaire fut obligé de n'avoir plus qu'un théâtre volant sur lequel il essayait ses pièces à la dérobée.

Ce fut avec cet éclat qu'il annonça son établissement sur le territoire de Genève. Ce n'était plus le Voltaire maltraité à Francfort, exilé à Colmar, habitant une cellule à Senones, rebuté par un prélat à Lyon, que des envieux peignaient comme un avare ; c'était un seigneur vivant dans l'opulence et faisant un noble usage de ses richesses ; un homme pratiquant les vertus qu'il chantait dans ses écrits, répandant autour de lui le bonheur et les bienfaits, ami des arts utiles à l'existence de l'homme et de ceux qui, en lui procurant des plaisirs, font participer l'industrie à la possession des grandes fortunes. Le souvenir de mon séjour aux *Délices* ne s'effacera jamais de ma mémoire. Sorti de ce nouvel *Eden* depuis quarante-cinq ans, par suite de quelques inconséquences que la fougue de l'âge me fit commettre, le tems n'a point affaibli le plaisir mêlé de regrets que me donnent ces souvenirs.

Revenons à Voltaire dont la tranquillité fut de nouveau menacée par un de ces désagrémens qui l'assiégèrent toute sa vie ; deux ouvrages, auxquels il travaillait depuis quelques années étaient sur le point de paraître clandestinement à Paris, mutilés, altérés et chargés d'additions inventées par ses ennemis pour le perdre (1). C'était *la Pucelle* et *les Campagnes de Louis XV*, ou *Mémoires sur la guerre de 1741*. Voltaire et madame Denis, furent informés de cette abominable infidélité par leurs correspondans de Paris. L'alarme fut aux *Délices*. Il s'agissait d'empêcher la publication de ces deux ouvrages; on décida que je me rendrais à Paris, muni de lettres et de pouvoirs pour agir efficacement auprès du syndicat de la librairie.

Je me préparais à partir, lorsqu'une jeune dame florentine, qui se rendait aussi à Paris, arriva à Genève. Je fus charmé de trouver une occasion de voyager avec une compatriote dont je connaissais la famille et qui connaissait la mienne. Je profitai de sa voiture,

---

(1) Entr'autres changemens on avait fait ceux-ci :

» Et qu'à la ville et surtout en province
» *Les Richelieux* ont nommé *maquereau*.
» . . . .
» Dort en *Bourbon* la grasse matinée ;
» Et que Louis, ce saint et bon apôtre,
» A ses *Bourbons* en pardonne bien d'autre.

Voltaire pour se justifier, envoya le véritable ouvrage au maréchal de Richelieu, à la marquise de Pompadour et au duc de la Vallière.

et le 27 juillet nous partîmes de Genève. Cette jeune dame, d'une grande beauté, avait été mariée de très-bonne heure à un gentilhomme italien dont elle s'était séparée. A notre arrivée dans la capitale, il ne me fut pas difficile de deviner le but de son voyage. Une personne aussi belle ne pouvait que faire du bruit dans une ville comme Paris. Vestris, ce fameux danseur dont la famille est originaire de Florence, vint la voir dès qu'il fut informé de son arrivée. Nous ne restâmes ensemble dans le même hôtel, que peu de jours; elle se jeta dans le grand monde, et j'appris long-tems après, qu'ayant acquis une fortune considérable, elle s'était retirée dans sa patrie, où elle était encore lorsque, pendant les dernières guerres d'Italie, les Français occupèrent la Toscane.

Dès que je fus arrivé à Paris, j'allai remettre les lettres dont j'étais porteur de la part de Voltaire et de madame Denis, pour M. d'Argental et madame de Fontaine; ces commissions remplies, je travaillai avec ardeur à l'objet de ma mission. Je vis le président Hénault et M. de Malsherbes, qui avait alors l'inspection de la librairie. Il s'agissait particulièrement d'empêcher la publication d'une édition furtive des campagnes de Louis XV, qu'un libraire nommé *Prieur*, avait entreprise. Madame Denis était compromise dans cette affaire par le procédé peu délicat du marquis de...... qui s'était emparé de ce manuscrit. Je rendais compte de mes démarches à madame Denis qui, de son côté, m'écrivait presque tous les jours. Elle faisait aussi agir tous ses amis auprès de la marquise de Pompadour. Nous dérobions à Voltaire une partie de nos démarches, pour ne point augmenter ses inquiétudes. Enfin cette édition subreptice fut supprimée.

Le tems que je ne donnais point à cette négociation était employé à visiter mes connaissances. Madame de Fontaine à qui j'avais été recommandé par madame Denis sa sœur, me comblait de politesses. Je voyais souvent le célèbre acteur Lekain, dont j'avais fait la connaissance aux Délices, où il était venu passer quelques jours auprès de Voltaire. Il étudiait alors le rôle de *Gengis-kan*, dans l'*Orphelin de la Chine*. La première représentation fut donnée le 20 août de cette année; j'y assistai. Elle me donna une idée des diverses passions qui agitent les beaux esprits de la capitale, à l'occasion des pièces nouvelles. L'*Orphelin de la Chine* eut deux factions pour et contre; un parti voulait le faire réussir, un autre voulait le faire tomber. Cet ouvrage fut couronné du plus brillant succès. Mademoiselle Clairon, autant que la pièce, triompha de la cabale. Elle joua le rôle d'*Idamé* avec tant d'expression et de sensibilité, qu'elle partagea avec Voltaire le triomphe de cette journée. Je me hâtai de rendre compte de ce succès à l'auteur et à madame Denis.

Je ne dois pas oublier un trait qui prouve le désintéressement de Voltaire, ainsi que sa bonté. Le libraire Lambert vint me trouver et me pria d'obtenir pour lui la permission d'imprimer la pièce nouvelle. J'écrivis aux *Délices:* l'auteur de l'*Orphelin*, non-seulement consentit à ce que désirait Lambert, mais encore me fit l'abandon de la rétribution qu'il était en droit d'exiger. Cette tragédie parut imprimée pendant le cours des premières représentations. C'est donc à tort que l'on a dit que Voltaire vendait deux ou trois fois le même ouvrage, et faisait payer chèrement les productions de son génie.

Je retournai aux Délices après un séjour de six semaines à Paris, et j'y arrivai dans le mois de septembre. Je joins ici les lettres que m'écrivirent madame Denis et Voltaire pendant mon voyage.

LETTRES DE MADAME DENIS.

Des Délices, 13 août 1755.

On avait répandu le bruit à Paris que l'édition des Campagnes de Louis XV devait être faite sur un manuscrit de Mme. Denis.

Mon cher Colini, je viens de recevoir la lettre de ma sœur, par le résident ; ce qu'elle m'apprend m'indigne. Vous savez que je n'ai jamais eu les campagnes du roi en ma disposition. Mon oncle les emporta lorsqu'il partit de Paris pour la Prusse. Il restait dans son cabinet de vieux brouillons sans suite, sans aucun ordre ; c'étaient des feuilles déchirées ; des chapitres entiers manquaient, il n'y avait pas le quart de l'ouvrage. Je sortis ces brouillons de ce cabinet ; mes femmes me proposèrent de s'en servir pour emballer mes caisses. Il faut donc que ce..... en ait attrapé quelque cahier.

Je vous supplie de voir M. de Malsherbes

sur-le-champ ; je lui écrirai par la première poste. Montrez-lui l'horreur de ce procédé : mon oncle vient de lui écrire. Tout ce que je demande, c'est que l'on confronte le manuscrit de M. d'Argenson et cette rapsodie ; on verra qu'elle a été ramassée dans les ordures et liée comme on a pu, pour ramasser quinze à vingt louis. Adieu ; voyez vite M. de Malsherbes. Je crains qu'il ne conte cette affaire à mon oncle, et sans avoir le moindre tort, je serais perdue. Ne perdez pas un moment ; adieu ; je me meurs de douleur.

M. de Giez est à Paris ; il demeure rue Neuve-Saint-Eustache, chez MM. Silvestre et Grand, banquiers. Voyez-le, vous pourriez revenir avec lui ; mais tâchez de faire supprimer cette abominable édition avant votre retour.

Des Délices, 15 août 1755.

Je ne reviens pas encore d'un homme qui vole chez moi une parcelle de brouillon pour le vendre ! moi, amie intime de sa mère, et lui venant très-souvent me voir. J'ai caché cette horreur à mon oncle, et je ne la lui dirai que lorsque nous aurons réparé le mal.

Mon cher Colini, je vous prie de rester à Paris jusqu'à ce que cette affaire soit terminée. J'ai écrit à M. de Malsherbes et je vous envoie la copie de ma lettre. Faites-en une encore et donnez l'une de ces copies à ma sœur, l'autre à M. d'Argental, afin de les mettre au fait de tout. Je vous prie aussi de voir M. le président Hénault : je lui ai écrit une lettre à peu près comme à M. de Malsherbes; raisonnez de cette affaire avec lui, priez-le d'en parler à M. d'Argenson ; il a un grand crédit sur son esprit, et peut arranger cette affaire à merveille. C'est un homme très-aimable, vous en serez bien reçu; il demeure rue Saint-Honoré, vis-à-vis les Jacobins.

Adieu, mon cher Colini, travaillez à cette affaire de toutes vos forces.

Nous sommes fort inquiets de Gengis; nous attendons des nouvelles. Je n'écrirai pas aujourd'hui à ma sœur, parce que je meurs de lassitude. Remerciez-la de m'avoir fait tenir sa lettre en cachette : j'ai écrit des lettres bien longues et bien fatigantes pour cette chienne d'affaire. Adieu, Monsieur; j'ai et j'aurai toujours pour vous la plus tendre amitié.

Des Délices, 17 août 1755.

Votre lettre m'a fait grand plaisir, Monsieur, et je vous prie de continuer à m'écrire. Je ne doute pas que *Gengis* n'ait un grand succès ; j'espère que vous me rendrez compte des représentations. Ne vous effrayez pas des critiques ; quelque beau que soit l'ouvrage, on en fera beaucoup ; tant mieux : mais pour qu'une pièce réussisse, il faut qu'il y ait du monde, voilà le grand point.

Je crois que nous ne la jouerons pas (*aux Délices*) (1). Il m'est revenu que notre projet effarouchait les prêtres, et qu'ils craignaient que la ville (*Genève*) en nous voyant jouer, ne prît du goût pour le spectacle. Comme je n'en avais aucun à jouer devant un auditoire étranger à ces plaisirs, et que les acteurs n'avaient que de la bonne volonté,

---

(1) Voltaire la fit jouer plusieurs années après au château de Tourney. Le Duc de.... y remplissait un jour le rôle de Gengis-kan. Après la pièce ce seigneur fut à lui en disant : « Eh bien, monsieur, êtes-vous » content ? comment trouvez-vous que je m'en suis » tiré ? — A merveille, repliqua Voltaire ; comme un duc et pair.

j'en ai manqué sur-le-champ, et j'ai déclaré que ne voulant effaroucher personne, je ne jouerais pas. Les Cramers sont désespérés.

Adieu, Monsieur; amusez-vous de votre mieux; jouissez des plaisirs que Paris vous présente. Soyez sûr que mon oncle vous aime et qu'il vous attend. Ma sœur me mande qu'elle vous a offert un logement chez elle, et se plaint de ce que vous ne l'avez pas accepté et de ce qu'elle ne vous voit pas assez.

Faites, je vous prie, mille complimens à M. Lekain, je suis sûre qu'il jouera *Gengis* à merveille; mais Sarrazin est bien vieux pour *Zamti*. Ne doutez pas de l'amitié que j'aurai pour vous toute ma vie.

(Au bas de cette lettre Voltaire avait écrit de sa main:)

Je vous en dis autant; divertissez-vous, voyez siffler mon Orphelin, sifflez les Parisiens; *e ritornate a noi quando sarete stanco di piaceri, di donne, e di Parigi* (1). J'envoie cette lettre à l'adresse que vous me donnez.

V.

___

(1) Revenez à nous quand vous serez las des plaisirs, des femmes et de Paris.

Des Délices, ce 18 août 1755.

Mon oncle a été fort triste depuis votre départ, quoiqu'il se soit très-bien tiré de l'affaire de Grasset, et qu'il ait obtenu ce qu'il demandait (1). La fureur suivie qu'on a de le persécuter en faisant courir sous son nom mille infamies, lui donne beaucoup de chagrin; je me flatte qu'à la fin, on voudra bien le laisser vivre en paix : il est fort indifférent sur le succès de *Gengis*; mais si le succès de la pièce répond à mon espoir, peut-être en sera-t-il flatté et reprendra-t-il un peu de gaîté.

Ma sœur est enchantée de vous et me mande qu'elle vous voit très-souvent. Demeurez encore à Paris quelque tems, voyez la réussite de *Gengis*, mandez-nous-en des

---

(1) Ce Grasset était venu à Lausanne pour y faire imprimer une copie de la Pucelle, faite sur des lambeaux dont on avait rempli les vides par des vers indécens et ridicules. Il eut l'impudeur d'offrir à Voltaire de lui vendre ce manuscrit moyennant cinquante louis. Celui-ci donna connaissance de ce fait aux magistrats du pays; l'ouvrage fut saisi, Grasset mis en prison et ensuite banni.

nouvelles; dites-moi exactement, comme vous faites, tout ce qui se passera, je vous en aurai la plus grande obligation. Enfin rassasiez-vous bien de Paris, afin que vous puissiez vous en nourrir jusqu'au moment où mon oncle et moi vous y ramenerons. Soyez sûr qu'il vous aime et que je vous suis attachée par les sentimens d'amitié les plus inviolables. Faites mille tendres complimens à ma sœur.

Des Délices, 26 août 1755.

J'AI écrit à madame de Pompadour et à M. d'Argenson, et je ne doute pas que je n'aie une justice prompte. Je leur mande que je croirais manquer au roi, si je ne m'adressais pas à l'un et à l'autre pour empêcher qu'on n'imprime cette histoire sur des brouillons volés; que c'était manquer au respect qu'on doit à ce monarque, que de souffrir un pareil brigandage, et qu'il faut que ces gens-là soient fous, pour faire imprimer l'histoire du roi régnant, sur des brouillons sans aveu. J'envoie à M. de Malsherbes copie de ma lettre à madame de Pompadour; elle prendra l'affaire à cœur, parce qu'il s'agit du roi.

Le succès de notre pièce m'a rendu un peu
de

de joie. Nous avons reçu trente lettres aujourd'hui, pour féliciter mon oncle, et les trente lettres disent que Lekain a mal joué, et qu'on n'a pas entendu un mot de ce qu'il a dit. J'en suis désespérée; peut-être fera-t-il mieux par la suite.

Adieu, Monsieur; voyez M. d'Argental, voyez ma sœur; je ne leur écris pas; parce que cette malheureuse affaire m'oblige à écrire des volumes; ne la perdez pas de vue, j'espère qu'elle ne sera pas long-tems sans être terminée. Ne quittez point qu'elle ne le soit; adieu, vous savez que j'ai pour vous la plus inviolable amitié. D.

LETTRES DE VOLTAIRE.

Aux Délices, 23 août 1755.

Nous cachions à Voltaire, Mme. Denis et moi, la moitié des circonstances de l'édition des Campagnes de Louis XV, pour ne pas l'inquiéter, et pour qu'il ne st pas que sa nièce était impliquée dans cette affaire.

Mon cher Colini, je ne connais point ce *Prieur*; dites-lui que s'il est sage, il doit m'écrire.

Il fait trop chaud pour montrer cinq magots de la Chine à quinze cents badauds. Ils doivent avoir été fort mal reçus; cette marchandise n'était bonne que pour Pékin.

On m'a volé à Berlin, en Hollande, à Genève, à Paris; on s'empare de mon bien comme si j'étais mort, et on le dénature pour le mieux vendre (1). Il faudrait traiter tous ces fripons de libraires, comme j'ai fait traiter Grasset, qu'on a mis en prison, et qu'on a chassé de la ville, et il est bon qu'on le sache. Je vous embrasse.

Si vous m'aviez instruit plutôt du nom de ce *Prieur*, il aurait eu déjà affaire avec ses *supérieurs*. J'ai perdu votre adresse; envoyez la moi. V.

Aux Délices, 29 août 1755.

Voltaire, en m'annonçant dans cette lettre un mandat pour toucher de l'argent, semblait m'inviter à retourner aux Délices. Je partis de Paris huit ou dix jours après l'avoir reçue.

LAISSEZ là le *Prieur* et toutes ses pauvretés; et quand vous serez rassasié de Paris, man-

―――――――――

(1) Voltaire disait, en voyant ces recueils de ses œuvres dans lesquels se trouvaient des morceaux qui n'étaient pas de lui : « On fait mon inventaire et cha- » cun y fourre ses meubles pour les mieux vendre. »

dez-le moi, mon cher Colini; je vous enverrai un petit mandement. Vous ne m'avez point parlé de votre Florentine; je ne sais comment elle en a usé avec vous, vous ne me parlez que de Chinois; je souhaite qu'ils vous amusent; mais je crois que vous avez trouvé à Paris de quoi vous amuser davantage, et que vous trouvez à présent mes Délices assez peu délicieuses, et la solitude fort triste pour un Florentin de votre âge. Prenez votre provision de plaisir, et revenez quand vous n'aurez rien de mieux à faire. Je vous embrasse.

V.

Un *Scarselli* m'a envoyé un gros tome de ses tragédies; avez-vous entendu parler de ce *Scarselli*?

Excepté l'affaire importante qui avait rendu mon voyage nécessaire, et à laquelle j'avais donné les plus grands soins, mon séjour à Paris n'avait été pour moi qu'un tems de dissipation. De retour aux Délices, je repris mes occupations. Depuis quelque tems les frères Cramer avaient commencé une nouvelle édition des œuvres de Voltaire; ils m'avaient recommandé de soigner la netteté du manuscrit dans les additions que Voltaire se proposait de faire à cette édition ; j'étais en outre chargé de corriger les épreuves. L'édition parut l'année suivante, et les frères Cramer me donnèrent libéralement une marque de leur satisfaction, qui surpassait les peines que j'avais prises.

Le tems approchait où je devais me séparer de Voltaire. Il ne me reste qu'à parler d'un voyage qu'il fit à Berne, dernier événement dont je fus témoin.

1756. Vers le mois d'avril 1756, Voltaire et madame Denis arrêtèrent un voyage à Berne et à Soleure. Ils désiraient faire une visite à l'ambassadeur de France, qui résidait dans cette dernière ville. Je n'ai jamais connu d'une manière précise, le motif de cette démarche. Il fallait cependant qu'ils eussent des vues bien importantes ; car, à cette époque, on avait entrepris aux Délices, des travaux considérables, qui exigeaient la présence du maître, et dont je demeurai chargé, comme on le verra par les billets que m'écrivit Voltaire durant cette excursion. Il partit dans les premiers jours du mois de mai, et se rendit à sa maison de *Monrion*, près Lausanne. Il y revint après avoir été à Berne, et de là retourna aux Délices.

Voltaire n'était pas toujours l'auteur de la Henriade, de Mérope et du siècle de Louis XIV. Dans sa vieillesse, et tandis qu'il étonnait l'Europe par le nombre et l'excellence de ses écrits, il trouvait encore le tems d'être architecte et agriculteur. On nous a toujours parlé de son esprit, rarement de sa personne. Ceux qui l'ont fait ont donné de ce grand homme des idées ridicules; ils l'ont représenté guindé, s'étudiant sans cesse à être ingénieux dans les plus petites choses, et petit à force de vouloir paraître grand. Je place ici quelques-unes des lettres qu'il m'écrivit au sujet des embellissemens de sa maison; elles prouveront qu'il savait concilier et faire marcher de front ses immenses travaux, ses intérêts particuliers et les détails de sa maison; enfin, qu'il ne mettait d'*esprit* que là où il était nécessaire d'en mettre.

A Monrion, jeudi au soir, 13 mai 1756.

Mon cher Colini, je vous suis obligé de toutes vos attentions. Madame Denis répondra sur l'article de *palais* (provision de paille); pour moi j'ai à cœur que Loup (valet de campagne) fasse un marché avec le batelier, et qu'il vous en instruise avant de conclure.

Je crois qu'il faudra que vous changiez de chambre pendant que l'on mettra en couleur le vestibule et l'escalier. Il faudra aussi que les filles qui logent en haut, mettent leurs lits dans l'ancienne maison ou ailleurs. Ce sera l'affaire de peu de jours. J'ai extrêmement à cœur ce petit ouvrage qui rendra la maison plus propre. Je vous prie d'ordonner qu'on fasse travailler les chevaux, sans les trop fatiguer : nous ne partons pour Berne que samedi matin.

Je ne puis trop vous remercier de l'attention que vous avez eue de faire observer à MM. Cramer, qu'il faut donner un coup de ciseau à tous les cartons : ayez, je vous prie, le soin de les engager à n'y pas manquer.

Je vous embrasse; j'ai grande envie de vous revoir.

A Monrion, 15 mai 1756.

La bise nous a retenus. Nous ne partons pour Berne que demain dimanche, au matin. Je suis très-sensible à tous vos soins. Je recommande à votre grande industrie la porte grillée qui ne ferme point. Si vous en venez à bout, je vous croirai un grand architecte. Pourriez vous vous amuser à faire un nouveau plan du jardin des Délices, où il n'y eût que des points en crayon, pour marquer simplement les distances? Nous le remplirions ensemble à mon retour. Je compte sur les coups de ciseaux des *fratelli* Cramer; je voudrais aussi qu'ils allassent lentement avec Louis XIV, à qui j'ai encore quelques coups de pinceau à donner.

Madame Denis vous a demandé un manteau fourré qui deviendra inutile; il ne le sera pas d'avoir nos lettres; je crois qu'on pourrait les adresser à Berne, où nous resterons quatre ou cinq jours au moins. Allez un peu aux nouvelles chez le résident. Il faut savoir *se i francesi abbiano battuto, o lo siano stati* (1).

Madame Denis, notre surintendante, approuve beaucoup le marché de la paille.

Addio caro.

V.

---

(1) Si les Français ont battu ou s'ils l'ont été.

A Berne, 18 mai 1756.

Si vous nous envoyez quelques lettres adressées aux *Délices*, ne nous en envoyez à Berne qu'une fois, et gardez les suivantes jusqu'à nouvel ordre, mon cher Colini, car nous sommes un peu en l'air. Nous irons à Soleure; de là nous retournons à Monrion, et nous regagnons ensuite notre lac de Genève.

Je vous prie d'ordonner qu'on refasse le talus que les eaux avaient emporté vers la Brandie, qu'on le sème de fenasse, et qu'on laisse deux petites rigoles pour l'écoulement des eaux, à travers les haies; c'est Loup qui doit prendre ce soin. Il faut que les charpentiers fassent en diligence le berceau qui doit être posé vis-à-vis la Brandie, et que l'on prépare des couleurs pour le peindre. Je vous prie d'ordonner aux jardiniers d'arroser les fleurs et les gazons de la terrasse. Je compte retrouver tout très-propre. Il faut que Boësse (valet de chambre) presse les travailleurs. Voilà de bien menus détails.

Je vous embrasse de tout mon cœur.

A Berne, 23 mai 1756.

Il faut que Loup fasse venir du gros gravier, qu'on en répande et qu'on l'affermisse depuis le pavé de la cour jusqu'à la grille qui mène aux allées des vignes. Ce gravier ne doit être répandu que dans un espace de la largeur de la grille. Les jardiniers devraient avoir déjà fait deux boulingrins quarrés à droite et à gauche de cette allée de sable, en laissant trois pieds à sabler aux deux extrémités de ce gazon, comme je l'avais ordonné.

Je prie M. Colini, de recommander cet ouvrage, qui est très-aisé à faire. Je recommande à Loup, d'avoir soin de fermer la grille d'entrée de ma maison, les dimanches. Il condamnera la petite porte jaune qui va de la cour au jardin, et il empêchera d'entrer dans le jardin, et de le détruire, comme on a déjà fait. Les allées de gazon qu'on a semé dans le jardin, seraient absolument gâtées, et c'est une raison à opposer à l'indiscrétion des inconnus qui veulent entrer malgré les domestiques.

Je prie M. Colini de renvoyer les maçons au reçu de ma lettre; ils n'ont plus rien à faire; mais je voudrais que les charpentiers pussent se mettre tout de suite après le berceau du côté de la Brandie.

Il faut que les domestiques aient grand soin de remuer les marronniers, d'en faire tomber les hannetons et les donner à manger aux poules.

Voilà à peu près, mon cher Colini, toutes mes grandes affaires. Ne m'envoyez point mes lettres à Berne, mais à Monrion. Je vous embrasse.

V.

Mon départ et ma séparation d'avec Voltaire suivirent de près son retour aux Délices. Je vais donner le détail exact et sincère de ce qui causa mon éloignement. Il me faudra faire l'aveu de quelques inconséquences, mais cet aveu est nécessaire; l'âge que j'avais alors me servira peut-être d'excuse; et ceux qui liront ce livre ne devront pas être plus sévères que ne le fut ce grand homme qui jusqu'à son dernier jour me conserva son estime et son amitié.

Je lui étais trop attaché, j'étais trop son admirateur pour songer à le quitter quand bien même on m'aurait présenté des avantages plus grands du côté de la fortune. Voltaire, de son côté, ne cessa, pendant tout le tems que je restai auprès de lui, de me donner des marques de satisfaction et de bienveillance. Nous avions été malheureux ensemble, et cette circonstance avait mis entre nous plus de cordialité. Comment se fit-il donc que notre séparation fut presque subite ? J'avoue franchement que des faiblesses de ma part en furent la cause. Les lettres que m'écrivit Voltaire pendant vingt-deux ans, prouvent que je fus plus imprudent que coupable ; les expressions bienveillantes et amicales qu'elles renferment, font clairement voir qu'aucun tort essentiel ne donna lieu à cette séparation.

On sait à quel point Voltaire était attaché à madame Denis ; il lui en donna une preuve en la faisant son héritière universelle. Elle aimait la littérature et travaillait même dans ce genre ; et depuis quelque tems j'étais confident et copiste de ses ouvrages dramatiques. Elle composait alors une tragédie d'*Alceste*. L'occupation qu'elle me donnait me mettait dans la nécessité d'avoir avec elle des entrevues particulières ; j'apportais du zèle et de l'empressement à ces petits travaux qu'elle récompensait noblement par des dons que je conserve encore comme des témoignages de son estime.

La tragédie d'Alceste n'était pas le seul motif qui nous obligeât d'avoir des entretiens particuliers. Les besoins d'une grande maison nouvellement établie, et dont la surveillance était confiée à madame Denis, que Voltaire nommait la surintendante, et à moi, la nécessité de dérober à son oncle la connaissance des événemens littéraires qui pouvaient l'inquiéter, d'autres raisons accidentelles et aussi innocentes exigeaient des conférences secrètes. C'était là ce qui avait rendu nos relations plus intimes et établi réciproquement entre nous le ton et le langage de l'amitié. Peut-être cette liaison avait-elle fait naître des soupçons dans l'esprit de Voltaire; quelques soupers auxquels nous étions seuls, lui, sa nièce et moi, et où d'une manière trop marquée, peut-être, elle s'adressait à moi dans la conversation, parurent causer du mécontentement. Un soir, entr'autres, j'eus occasion de m'en assurer par ces demi-mots qui ne signifient rien pour des étrangers, mais qui sont bien entendus de ceux à qui ils sont adressés. Dès-lors madame Denis prit dans notre commerce ordinaire des précautions auxquelles jamais elle n'avait songé.

Cette circonstance seule ne m'aurait probablement pas obligé de quitter *les Délices*, si mon étourderie n'y en eût ajouté d'autres plus graves. Une femme de la Bourgogne, nommé B***, mécontente de son mari, l'avait quitté et s'était réfugiée à Genève, sous la protection de M. Montpéroux, résident de France en cette ville. Elle était belle et d'une figure intéressante. Le résident la recommanda à Voltaire, qui la reçut chez lui. Je partageai d'abord l'intérêt que tout le monde prenait à son sort; mais bientôt je m'épris d'une passion que ses malheurs et sa beauté rendaient plus violente. Elle y répondit, et aussi inconsidérée que moi, ne garda pas les ménagemens nécessaires dans une grande maison où l'on est sans cesse observé. Notre liaison fut découverte, elle enfanta des intrigues et des jalousies; madame B*** fut forcée de retourner à Genève.

L'amitié que Voltaire me portait ne parut point altérée par ces petites tracasseries; on peut voir dans sa correspondance générale, ce qu'il écrivait de moi, à son ami Thiriot, le 27 mai 1756, époque de ces dissensions domestiques. La manière flatteuse dont il s'exprime sur mon compte, indique qu'il ne pensait pas encore à m'éloigner.

Une nouvelle imprudence amena enfin ma disgrace et me sépara de l'homme illustre à qui j'avais résolu de rester attaché jusqu'à la fin de sa vie ou de la mienne. J'étais un jour occupé dans ma chambre à écrire une lettre à une demoiselle de la petite ville de Rolle, lorsque l'on vint m'avertir de la part de Voltaire, que madame de Fontaine allait arriver de Paris aux *Délices*, et que j'étais prié de partir à sa rencontre avec un équipage. Je me lève, je sors de ma chambre sans la fermer et je pars laissant sur ma table la lettre qui n'était pas encore achevée. Cette lettre ne contenait que des badinages et des plaisanteries; madame Denis y était nommée. Pendant mon absence une de ses femmes entre dans ma chambre jette les yeux sur ma lettre, la lit et la porte à sa maîtresse.

A mon retour je fus reçu avec une froideur d'autant plus cruelle que je n'en connaissais pas encore le motif; surpris autant qu'affligé, je me retirai dans ma chambre, je ne trouvai plus ma lettre; j'en pâlis et j'envisageai les suites de mon étourderie.

L'affaire devint sérieuse quoique j'eusse quelque espoir que le tems appaiserait le ressentiment de madame Denis, et que l'amitié de son oncle l'emporterait sur un tort aussi léger. Le lendemain on me bouda toute la journée sans me parler de la lettre. Le second jour Voltaire me fit appeler dans sa chambre. « Vous avez manqué à madame Denis, » dit-il, en me montrant la fatale lettre. Je répondis que je reconnaissais en quelque manière avoir manqué à cette dame, mais que j'osais espérer que l'on ne regarderait pas comme offense un badinage auquel je m'étais laissé entraîner dans un moment de gaîté, et que mon cœur désavouait. Voltaire me répliqua qu'il lui serait impossible de me garder auprès de lui, parce que sa nièce, très-irritée, exigeait cette satisfaction.

J'épiai le moment de voir madame Denis, et de me justifier auprès d'elle. Je protestai de mon respect, de mon estime et de mon attachement ; elle me répondit vaguement et sans me donner aucun espoir. Je vis bien qu'il fallait me résoudre à un changement, et je pris mon parti. Voltaire me conseilla d'aller m'établir à Paris, et me promit d'écrire à ses amis pour les intéresser en ma faveur ;

il m'assura que je n'y resterais pas long-tems, sans obtenir de l'emploi. Aucune proposition ne pouvait me flatter davantage dans cette circonstance.

Le mal était sans remède, mais j'en étais désolé. J'écrivis à ma famille pour l'instruire de mon départ, et quelques jours après, je pris congé de Voltaire. Nous eûmes ensemble une conférence de plus d'une heure. Il me demanda si j'étais suffisamment muni d'argent. Je lui répondis que j'en avais assez pour mon voyage, et pour être à l'abri de la gêne pendant quelque tems. Sans me répondre, il alla à son bureau, en tira un rouleau de louis, et me dit : « Prenez cela, on ne sait ce qui peut arriver. » Je le remerciai ; il m'embrassa, et je quittai, les larmes aux yeux, la maison des *Délices*.

Les passions dirigent toutes les affaires du monde ; elles mettent en mouvement les empires, les villes, les familles ; elles renversent un royaume, elles en élèvent un autre ; elles comblent un homme de bonheur, ou l'écrasent sous le poids de l'adversité. Tout tient à la nature de l'homme ; et cette nature est selon l'âge, le tempérament ou les circonstances, bonne, mauvaise, bizarre

et

et capricieuse. On est ferme dans une occasion, on montre de la faiblesse dans une autre ; on a encore aujourd'hui des habitudes que l'on n'aura plus demain. Les grands et les petits événemens dépendent de la force des ressorts que les passions mettent en mouvement. Que l'on ne dise pas l'homme est bon, l'homme est méchant, cette distinction ne peut être établie avec précision. Il n'est ni bon ni méchant. L'homme est presque toujours ou un heureux favori de l'aveugle fortune, ou l'esclave et la victime des circonstances. La vie, à proprement parler, n'est qu'un jeu de hasard (1) ; j'aimais Voltaire, je n'avais pas de plus grand bonheur que d'être auprès de lui, et cependant mes passions, mises en jeu par des circonstances qui étaient hors de moi, conspiraient contre mon repos. Il semble que nous ayons en nous deux êtres dont l'un détruit ce que l'autre fait de bien.

Des *Délices* je me rendis à Genève, où je m'arrêtai quelques jours pour arranger mes affaires. Je fis mes adieux à madame B***, et

―――――――――――――

(1) *Ita vita est hominum quasi ludus tesseris.*

quittai avec douleur cette belle contrée où j'avais passé les plus beaux momens de ma vie. J'y laissais des personnes bien chères, entr'autres madame Giez de Lausanne qui était chez Voltaire en qualité de dame de compagnie, qui m'avait toujours témoigné le plus vif intérêt, et s'était même employée pour empêcher mon éloignement.

Je résolus de me rendre par la Suisse en Alsace, où je désirais revoir quelques amis, et de suivre ensuite le conseil de Voltaire en allant à Paris.

Telle fut la fin de mon séjour auprès de cet homme illustre, après avoir vécu cinq années avec lui. J'eus le tems d'étudier son esprit et son caractère. Je vais en esquisser quelques traits; je dis esquisser, parce que le sujet est si grand que je ne pourrais qu'avec beaucoup de peine, en faire un portrait bien fini.

Voltaire avait un cœur humain et compatissant; il exerçait particulièrement cette disposition naturelle sur l'innocence opprimée, sur les victimes de la méchanceté, de l'imbécilité ou du fanatisme des hommes. De là, l'asile ouvert à Ferney pour les Genevois persécutés, l'innocence des Calas enfin reconnue et les secours prodigués à cette malheureuse famille ; l'affranchissement des serfs du Mont-Jura ; la généreuse hospitalité accordée à la nièce du grand Corneille, et le travail pénible auquel il se livra pour la doter. Les persécutions qu'il avait essuyées avaient placé dans son cœur ce foyer de sensibilité qui lui faisait accueillir et soulager les malheureux. Il pratiquait surtout cette vertu qui bientôt se perdra dans la nuit des tems, l'hospitalité, accordée sans orgueil et sans ostentation.

Il parlait avec liberté de la religion dont les ministres l'avaient persécuté ; mais il pensait que l'on doit du respect à toutes celles qui sont autorisées par les lois. Il n'aimait point l'intolérance religieuse, politique et littéraire. Sa correspondance avec le cardinal de Bernis, l'abbé Moussinot, l'abbé Prevost, le père Menou, prouve qu'il respectait les ministres des autels, lorsqu'ils n'étaient point des instrumens de persécution. S'il passa quelquefois les bornes de la prudence, c'est qu'il y fut forcé par de misérables querelles dont il n'était jamais le provocateur ; si on l'avait laissé vivre tranquille, il n'aurait jamais écrit cet amas de pièces peu édifiantes et facétieuses dont le style a pu séduire, mais qui furent en partie dictées par l'esprit de vengeance.

Son impatience, lorsqu'il avait commencé un ouvrage, n'avait point de bornes. A peine était-il commencé qu'il voulait le voir fini; à peine était-il fini qu'il voulait le voir mis au net et imprimé. On mettait souvent sous presse un livre à moitié composé. Voltaire écrivait lui-même lorsqu'il se portait bien. Était-il affligé de quelque maladie, il dictait avec autant de présence d'esprit que s'il eût eu la plume à la main. Il avait, pour cette dernière manière de travailler, une incroyable facilité, à laquelle il était parvenu par une longue habitude. C'est sans doute ce qui lui avait donné tant d'agrémens et d'aisance dans la conversation. L'entendre ou le lire étaient une même chose : il parlait clairement et distinctement, et témoignait de l'impatience lorsqu'il ne rencontrait pas en ceux avec qui il conversait cette netteté de prononciation. Il reçut un jour la visite d'un homme instruit qui avait l'habitude de parler vite et entre ses dents. A la première phrase qu'il ne comprit pas, Voltaire lui dit poliment : *Plaît-il, Monsieur ?* A une autre aussi mal articulée que la première, il ne répondit pas; à une troisième, il finit par lui dire avec vivacité : « Mais parlez donc de manière qu'on puisse vous comprendre ! » — Ce qui fit un plaisant effet dans tout le reste de l'entretien.

Voltaire était emporté quand il croyait avoir reçu une injustice : son premier mouvement était impétueux, mais il ne tardait pas à revenir. On lui demanda un jour en badinant ce qu'il ferait si Fréron se présentait chez lui. — Ce que je ferais? répondit-il les yeux étincelans de fureur, je le ferais mettre à la porte par mes gens. — Mais, lui répliqua-t-on, s'il venait dans votre maison, ce serait un hommage qu'il rendrait à vos talens. — Oh ! alors, repartit Voltaire, je dirais qu'on lui donne le meilleur appartement. Je fus témoin, à Francfort, d'un trait de vivacité de sa part qui donnera une juste idée de cette impatience dont il n'était pas le maître. Le libraire Van Duren vint un matin présenter un mémoire pour des livres qu'il avait remis à Voltaire treize ans auparavant. Van Duren ne put lui parler et me laissa le compte. Voltaire le lut et trouva que la somme demandée était pour des exemplaires de ses propres œuvres, il en fut outré. Le libraire revint dans l'après-dînée ; mon illustre compagnon de voyage et moi nous nous promenions dans le jardin de l'auberge. A peine aperçoit-il Van Duren, qu'il va à lui plus rapidement que l'éclair, lui applique un soufflet et se retire. C'est la seule fois que j'aie vu Voltaire frapper quelqu'un. Que l'on juge de mon embarras. Je me trouvai tout à coup seul vis-à-vis le libraire souffleté. Que lui dire ? Je tâchai de le consoler de mon mieux ; mais j'étais tellement surpris que je ne sus rien trouver de plus efficace que de lui dire qu'au bout du compte *ce soufflet venait d'un grand homme*. Le mémoire du libraire se trouve encore entre mes mains comme un souvenir de cet insigne soufflet.

A ces vivacités près, Voltaire était bon et bienfaisant. On sait qu'il obligea de sa bourse et de son crédit, des hommes qui avaient écrit contre lui ; qu'il secourut et encouragea de gens de lettres qui commençaient leur carrière, et en qui il reconnaissait quelques talens.

Rien n'a été moins fondé que le reproche d'avarice que l'on a fait à ce grand homme. Ses envieux ne pouvant attaquer ses écrits, s'occupaient sans cesse à trouver dans sa personne des vices et de l'immoralité. Il est vrai que Voltaire réservait toujours une partie de ses revenus, mais il suivait en cela la maxime du docteur Swift, qui disait *qu'il faut avoir l'argent dans la tête et non dans le cœur.* Voltaire n'eut dans sa jeunesse qu'une fortune médiocre, c'est ce que j'appris de sa propre bouche. Cette fortune s'accrut ensuite par des héritages, mais plus encore par le commerce de Cadix, et par la souscription faite à Londres pour la Henriade. Cet ouvrage est le seul qui ait contribué à l'accroissement de ses facultés. Jamais il ne se livra et ne fut dans la nécessité de se livrer à aucune de ces manœuvres sordides dont on l'accusa, et par lesquelles, disait-on, il faisait un double et triple gain de ses ouvrages. Il tâcha d'employer de bonne heure ses capitaux, parce qu'il sentait la nécessité de devenir lui-même l'artisan de sa fortune, et de s'assurer une existence indépendante. Cette économie sage et prévoyante ne le trompa pas, et c'est ce que Swift appelait *avoir l'argent dans la tête.* Qui aurait secouru Voltaire dans sa vieillesse, s'il eût été pauvre? Les persécuteurs et tous ceux qui le regardaient comme le *satan du siècle*, n'auraient-ils pas profité de sa situation pour l'accabler encore davantage? Mais lorsqu'il acheta argent comptant des terres seigneuriales, qu'il fit bâtir des châteaux, qu'il étala le luxe d'un riche particulier, et que son opulence vint au secours des indigens, ne prouva-t-il pas qu'il était faux que la cupidité régnât dans son ame ? L'avare amasse, ne jouit pas et meurt en thésaurisant. Voltaire avait l'air de jouir et d'augmenter sa fortune. La lésinerie n'eut jamais accès dans sa maison : je n'ai jamais connu d'homme que ses domestiques pussent voler plus facilement. Est-ce-là un avare ? Je le répète, il n'était avare que de son tems.

Une curiosité que jamais je ne pus parvenir à satisfaire, quoique continuellement occupé à écrire sous sa dictée, et obligé d'être presque toujours auprès de lui, ce fut de le saisir au moment où il faisait des vers. J'aurais désiré voir comment, dans son enthousiasme poétique, son ame se manifestait dans ses yeux, sur ses traits, dans ses gestes, et pouvoir être spectateur de cet état d'émotion dans lequel il se trouvait nécessairement, lorsque pénétré d'idées et d'images, il les transportait dans ses vers sublimes. Quelle était par exemple son attitude et son regard lorsqu'il écrivait :

Ah! qui sert son pays, sert souvent un ingrat.
....

Un courage indompté, dans le cœur des mortels,
Fait ou les grands héros, ou les grands criminels;
Qui du crime à la terre a donné les exemples,
S'il eût aimé la gloire, eût mérité des temples.
....

Le premier qui fut roi, fut un soldat heureux.
....

Ce n'est pas aux tyrans à sentir la nature.

Enfin, tous ces traits qui, dans les ouvrages de ce grand homme, font voir un poëte philosophe qui pense et qui fait penser. Je fis pour cela d'inutiles tentatives. Ce genre de travail était un mystère qu'il accomplissait en secret et qu'aucun profane n'avait le droit de troubler.

Je partis de Genève le 12 juin 1756, pour me rendre en Alsace par la Suisse. Je voyageais à petites journées; la curiosité me détournant sans cesse de ma route, lorsque j'étais dans le voisinage de quelqu'objet qui méritait d'être vu. Vers le milieu du mois de juillet, j'arrivai à Strasbourg. La première personne que j'allai voir en cette ville fut mon ami Défresney, connu dans la littérature par le petit roman d'*Edelzinde*, la comédie de la *Comtesse de Rocaille*, *Pingrenon*, *histoire orientale*, et quelques idylles charmantes; homme plein d'esprit et d'agrémens. C'est le *Defresney* dont j'ai parlé en rendant compte du voyage de Voltaire à Strasbourg. Il me revit avec joie; je lui racontai tout ce qui m'était arrivé depuis que nous nous étions quittés, et lui fis part du projet que j'avais de me rendre à Paris.

Je cédai aux instances qu'il me fit de rester quelques jours chez lui; mon séjour se prolongea, et enfin rompit les mesures que j'avais prises pour me rendre dans la capitale. Defresney recevait chez lui, tous les soirs, une société choisie. Au nombre des personnes qui la composaient était le comte de Sauer, seigneur de la Stirie, venu à Strasbourg avec toute sa famille, pour y faire étudier un fils unique, âgé de quatorze à quinze ans. Il me fit demander par Defresney, si je voulais accepter l'emploi de gouverneur de son fils; le professeur Schœpflin avait avantageusement parlé de moi à ce comte, et lui avait suggéré l'idée de me faire cette proposition.

Je balançais entre l'offre qui m'était faite et le projet d'aller à Paris. Devais-je saisir cette occasion ou la rejeter; mon irrésolution m'empêchait de donner de mes nouvelles à Voltaire. J'aurais voulu suivre ses conseils: Paris était de mon goût, mais d'un autre côté Defresney me pressait de rester et de ne pas refuser une chose certaine pour des espérances qui pourraient bien ne pas se réaliser. Enfin je me déterminai, et dès le mois d'octobre le jeune comte de Sauer me fut confié. Je fis part à Voltaire de cet événement. Voici la réponse que j'en reçus.

A Lausanne, 23 janvier 1757.

« Je suis très-sensible à votre souvenir, mon cher Colini, et je vous souhaite un état assuré et tranquille qui puisse vous faire oublier les agrémens de votre beau pays. Je me trouve mieux que jamais de celui que j'ai choisi pour ma retraite. J'ai beaucoup embelli les *Délices*, et j'ai pris enfin une maison à Lausanne, que j'ai très-ornée, et dans laquelle on est entièrement à l'abri des rigueurs de la saison. Je vois de mon lit quinze lieues de ce beau lac que vous connaissez. C'est le plus bel aspect que j'aie jamais vu; c'est là que je m'inquiète assez peu de tous les bouleversemens de l'Allemagne (1). Vous devez vous intéresser à l'Autriche, puisque vous gouvernez un autrichien, et que vous êtes né sous la domination de l'empereur. Plus heureux qui est né libre. Je vous embrasse. »

V.

L'emploi de mentor d'un jeune comte était une carrière bien différente de celle que je venais de parcourir. Je m'instruisais auprès de Voltaire, ici j'étais obligé d'instruire. Plusieurs jeunes seigneurs se trouvaient alors à Strasbourg pour y faire leurs études ; entr'autres trois comtes de Bruhl, sous la conduite de Pfeffel, auteur de l'abrégé chronologique de l'histoire et du droit public d'Allemagne, un jeune prince de Nassau et plusieurs autres.

Le comte de *Sauer* vivait à Strasbourg avec éclat : il y avait amené toute sa famille, composée de sa femme, de son fils et d'une fille qui avait pour gouvernante une dame française. Le professeur Schoepflin dirigeait les études de mon jeune élève ; je veillais à

---

(1) La guerre de sept ans venait de commencer.

l'application, à l'exactitude, à la bonne conduite ; j'assistais aux exercices académiques et j'accompagnais le jeune homme dans les sociétés, aux fêtes et aux spectacles.

Un cours d'histoire et de droit public de l'Allemagne que le jeune comte fit sous le professeur Schœpflin et que je suivais avec lui, augmenta le goût que j'avais pour cette partie d'instruction. Dans le tems que Voltaire travaillait aux Annales de l'empire, j'avais recueilli pour moi beaucoup de notes et de remarques que les leçons du célèbre professeur me mirent à même de classer et de publier quelques années après sous le titre de *Discours sur l'histoire d'Allemagne*.

Je consacrais à mon ami Defresney les momens que me laissaient mes études et les devoirs de mon emploi. Il avait à Marseille une sœur mariée, et son beau-frère lui envoyait de tems en tems des productions d'histoire naturelle, et particulièrement des marines. Il en avait formé un cabinet où nous nous amusions à arranger et à étudier tous les articles. Cet amusement devint bientôt mon goût favori. L'histoire naturelle me porta à l'étude de la physique; l'anatomie fixa particulièrement mon attention; et je commençai un cours à l'amphithéâtre de l'hôpital de Strasbourg, sous le savant médecin Boëckel. J'étais avide d'instruction, et mon esprit avait besoin d'un objet qui l'intéressât fortement. J'eus lieu, par la suite, de m'applaudir de cette ardeur. Ce furent ces connaissances qui m'attirèrent l'estime et les bienfaits du prince, sage et éclairé, à qui je dus enfin un état solide et honorable.

Mes nouvelles occupations ne me faisaient point oublier les *Délices;* je regrettais ce fortuné séjour, et j'y pensais sans cesse. Pour ne pas m'en détacher entièrement j'écrivais quelquefois à Voltaire et lui envoyais, comme il m'en avait prié, des nouvelles de la guerre. Il s'intéressait aux armes de la France : le chantre de Henri IV, et de la bataille de Fontenoi ne pouvait penser autrement; il espérait en outre arriver par-là à tirer une juste vengeance des représentans du roi de Prusse à Francfort; et, ce qui pouvait m'être le plus agréable, me faire restituer l'argent qui m'avait été pris. Voici une lettre qu'il m'écrivit à ce sujet.

Aux Delices, 29 juillet 1757.

« Je vous remercie des bonnes nouvelles que vous m'avez envoyées, et je souhaite qu'elles soient toutes vraies. Il pourrait bien venir un tems où les Freytag et les Schmith seraient obligés de rendre ce qu'ils ont volé, et vous ne perdriez pas à cette affaire. Vous me feriez un sensible plaisir de me mander tout ce que vous apprendrez.

» J'ai été sur le point de faire un tour à Strasbourg pour y voir M. le maréchal de Richelieu ; une maladie de madame Denis m'en a empêché. J'aurais été fort aise de vous revoir, et de vous donner des assurances de mon amitié. » V.

1758. J'étais fâché que ce contre-tems m'eût privé du plaisir de le revoir. Ce ne fut que l'année suivante qu'il vint à Strasbourg et me surprit agréablement. Il allait voir à Mannheim l'électeur Palatin. On vint me chercher de sa part ; nous nous revîmes avec une joie mutuelle. Son séjour en cette ville fut très-court. J'eus la douleur de le voir s'éloigner presque aussitôt son arrivée. L'habitude d'être auprès de lui avait encore tant d'empire sur mon esprit que je ne croyais pas qu'il dût partir sans moi. Sa présence me dégoûta subitement de mon emploi de gouverneur, qui du reste n'était ni dans mes goûts, ni dans mon caractère. Je songeai à la cour palatine; mais Voltaire était parti, et c'est à son passage que j'aurais dû solliciter sa protection. J'allais cependant lui écrire lorsque je reçus de lui la lettre suivante:

A Schwetzingen, 2 août 1758.

« Je compte arriver, mon cher Colini, lundi au soir 7 du courant à Strasbourg, et je me flatte de vous y embrasser. Je coucherai ce jour-là chez M. Turckeim, et mardi chez madame la comtesse de Lutzelbourg. On se réjouit à Schwetzingen comme on faisait quand nous y séjournâmes en 1753. Les choses sont changées ailleurs. Je vous embrasse du meilleur de mon cœur. »

V.

En effet, il arriva le 7 août à Strasbourg. Il y passa quelques jours, pendant lesquels je lui fis part de mes vues sur la cour palatine. Il s'offrit à me rendre tous les services qui dépendraient de lui, et à employer l'ascendant

dant qu'il avait sur un prince qui venait de le combler d'égards et de faveurs. Il écrivit sur-le-champ à M. Pierron, homme de confiance de l'électeur, avec le zèle et la chaleur de l'amitié. Peu de tems après, il m'envoya des Délices la réponse faite à cette lettre. On lui mandait que l'intention de son altesse était de me prendre à son service dès qu'il vaquerait un emploi à sa cour.

Cette même année me procura une nouvelle et agréable surprise. Un domestique vint me trouver chez le comte de Sauer pour me dire qu'une dame qui venait d'arriver à Strasbourg et qui logeait à l'hôtel de l'Esprit, désirait me parler; j'y courus : c'était la comtesse de Bentink, cette femme respectable, dont le cœur était celui d'une reine éclairée et bienfaisante. Elle venait de la Suisse, où le désir de voir Voltaire l'avait conduite; elle y avait appris que j'étais à Strasbourg. Nous nous entretînmes de Potzdam, de Berlin, de Lausanne et des Délices. Elle ne me parut pas très-satisfaite de son séjour dans ce dernier pays. Persuadée qu'une maison que Voltaire avait habitée devait être délicieuse, elle avait loué *Monrion*, près Lausanne. Au bout de quelques jours ce lieu lui parut si détestable, la ville même de Lausanne et le ton des habitans lui déplurent tellement (1) qu'elle prit le parti de quitter la Suisse. De Strasbourg elle alla à la cour de Vienne, où ses graces et son mérite la faisaient estimer et respecter.

Plus j'allais en avant dans mes fonctions de gouverneur, plus je m'en dégoûtais; il faut avoir exercé ce pénible et fastidieux emploi, pour en connaître tous les inconvéniens. Un seigneur de quinze ans est plus difficile à conduire qu'un roturier de trente. On n'est gouverneur que de nom; et eût-on la patience de Socrate et la sévérité d'un pé-

──────────

(1) Voltaire pensait autrement sur Lausanne, et je crois qu'il était plus juste que la comtesse de Bentink. Voici comment il en parle dans une lettre écrite, en 1757, à M. de Moncrif, académicien:

« Il n'y a dans Lausanne que des familles fran-
» çaises, des mœurs françaises, du goût français,
» beaucoup de noblesse, de très-bonnes maisons
» dans une très-vilaine ville; nous n'avons de Suisse
» que la cordialité; c'est l'âge d'or, avec les agré-
» mens du siècle de fer. »

dant de college, il est impossible de retenir un jeune gentilhomme qui se croit déjà bien au-dessus de celui qu'on lui a donné pour directeur.

Je comptais sur Voltaire qui avait aussi chaleureusement entamé la négociation de mon placement à la cour palatine; je connaissais son ardeur et sa persévérance dans les affaires qu'il entreprenait. La plus grande partie de l'année 1759 se passa en pourparlers dont il daignait me rendre compte. Il m'envoya, entr'autres, le 12 octobre, une lettre directement adressée à l'électeur palatin, et m'invita à l'aller porter moi-même. Je demandai au comte de Sauer un congé, sous prétexte de quelques affaires; il ignorait et devait ignorer mes démarches. Je partis pour Mannheim, où j'eus une audience assez longue de son Altesse électorale. Elle me fit savoir le lendemain, par M. Pierron, que j'entrerais bientôt à son service; que je pouvais, en attendant, arranger mes affaires à Strasbourg et revenir ensuite à Mannheim. Je partis aussitôt pour la première de ces villes, fort content de mon voyage, et me hâtai de rendre compte à Voltaire de l'heureux succès de ses sollicitations. De son côté, Voltaire m'envoyait à Strasbourg la réponse faite par l'électeur palatin à la lettre dont j'étais porteur. Voici ce qu'il me mandait.

Aux Délices, 19 novembre 1759.

« Son Altesse électorale palatine, mon cher Colini, m'a mandé qu'il vous avait trouvé beaucoup de mérite et qu'il était très-content de vous. Je ne doute pas qu'il ne vous prenne à son service et qu'il ne me sache très-bon gré de la connaissance. J'espère vous trouver à Schwetzingen l'année prochaine ; qui sait si de là nous ne pourrions pas faire rendre gorge à Francfort.

» Je vous prie d'assurer de mes respects madame de Lutzelbourg ; j'ai si mal aux yeux que j'écris avec beaucoup de peine. S'il y a quelques nouvelles, ne m'oubliez pas. La grande nouvelle de France est que la misère est extrême. On est si abattu, qu'à peine songe-t-on aux jésuites du Portugal, les uns chassés, les autres pendus. Dieu veuille avoir leur ame. Je vous embrasse. » V.

Voltaire ne me trompait pas en me disant que l'électeur avait été content de moi. Après à mort de ce grand homme on trouva dans ses papiers la réponse de son altesse. Cette lettre a été insérée dans les œuvres complètes à la suite de la correspondance avec l'impératrice de Russie. Les expressions flatteuses qu'elle renferme ne me permettent pas de la transcrire ici.

De retour à Strasbourg, j'annonçai au comte de Sauer que l'électeur palatin m'appelait à son service et que j'allais me disposer à partir. Ce seigneur me demanda quelques semaines et me témoigna des regrets d'autant plus sincères qu'il m'avait, depuis quelque tems, annoncé que j'accompagnerais son fils dans ses voyages. J'informai Voltaire de mon prochain départ pour Mannheim ; il me répondit par ce billet italien.

Aux Délices, 16 décembre 1759.

Gli auguro un felice viaggio, o piu tosto una stabile e felice dimora. Ecco due lettere, l'una per l'altezza, l'altra pe'l Pierron, scritte ambedue colla medesima premura. In tanto sappia che l'amo e l'amerò. (1)

V.

---

(1) Je vous souhaite un bon voyage, ou plutôt

A ce billet étaient jointes les deux lettres qu'il m'annonçait. Celle adressée à M. Pierron fera voir avec quel zèle Voltaire s'employait en faveur de ceux pour lesquels il avait de l'attachement.

Aux Délices, 16 décembre 1759.

« Mon cher ami, je vous envoie mon précurseur. Mon régime, malgré toutes mes incommodités, me mettra l'été qui vient en état d'aller vous remercier de toutes les marques d'amitié qu'il a reçues de vous. Je prends sur moi le bien que vous lui faites, et je partage sa reconnaissance. Vous aurez en lui un homme très-attaché. Plus vous le connaîtrez, plus vous verrez combien il mérite votre bienveillance. Je lui ai donné une lettre pour son altesse électorale. Je me flatte que vous lui procurerez l'honneur de la présenter. Il ne veut avoir d'obligation qu'à vous. Je vous prie de présenter mes

---

un heureux et stable établissement. Voici deux lettres, l'une pour son altesse, l'autre pour *Pierron*, toutes deux écrites avec le même empressement. Soyez convaincu que je vous aime et vous aimerai toujours.

respects à M. le baron de Beckers, et à tous ceux qui voudront bien se souvenir de moi dans votre aimable cour. »

V.

Je quittai Strasbourg dès que j'eus reçu ces lettres, et le 29 décembre 1759, j'arrivai à Mannheim. Je présentai à l'électeur la lettre de Voltaire. Il fut décidé que j'aurais bientôt une place de secrétaire intime. J'en instruisis Voltaire, qui me répondit sur-le-champ, et m'adressa en même tems une lettre à cachet volant pour M. Pierron. Ce sont les deux lettres suivantes :

A Tourney, par Genève, 21 janvier 1760.

« Mon cher secrétaire intime de son altesse électorale, je connais votre bon cœur à la manière tendre et pathétique dont vous me parlez de M. Pierron, et surtout à votre attachement pour le meilleur prince qu'il y ait sur la terre. Vous voilà heureux puisque vous êtes auprès de lui. J'espère, tout malingre que je suis, partager votre bonheur cet été. Vous me ferez grand plaisir de m'écrire quelquefois quand...... Je vous embrasse de tout mon cœur. »

V., *comte de Tourney* (1).

A M. PIERRON.

A Tourney, par Genève, 21 janvier 1760.

« Le froid me tue, les neiges me désespèrent, mon cher monsieur, mais je ne puis m'empêcher de dicter ce petit billet de malade pour vous remercier tendrement de tout ce que vous avez fait pour mon cher Colini. Comptez que vous l'avez fait pour vous-même. Vous vous êtes acquis un ami reconnaissant ; il vous est attaché pour la vie : il ne me parle, dans ses lettres, que des obligations qu'il vous a.

---

(1) Voltaire signa quelque tems de la sorte, après avoir acquis la terre de Tourney. Ses ennemis ne virent pas que c'était une plaisanterie et accusèrent ce grand homme d'une vanité ridicule. Il avait pris ce titre de comte comme il prit ensuite celui de *Frère Voltaire, capucin indigne*, lorsque les capucins du pays de Gex l'eurent nommé leur père temporel.

» Mettez-moi, je vous prie, aux pieds de S. A. E., et réservez, à Schwetzingen, une chambre à cheminée pour un pauvre malingre qui fait du feu à la Saint-Jean. J'ose croire que mon cœur est fait pour le sien, mais mon corps est bien loin. Je respecterai et j'adorerai ce prince jusqu'au dernier moment de ma vie.

» Votre, etc. »

VOLTAIRE, *comte de Tourney.*

Quelques jours après, je reçus de S. A. E. ma nomination de secrétaire intime, emploi que j'eus le bonheur de remplir à la satisfaction de ce souverain qui m'accorda par la suite d'autres titres flatteurs et des graces qui fixèrent à Mannheim mon existence et mes affections les plus chères.

LETTRES
INÉDITES
DE VOLTAIRE.

LETTRES INÉDITES

DE VOLTAIRE (1).

Les six lettres suivantes me furent adressées à Strasbourg.

Aux Délices, 2 septembre 1758.

Mon cher Colini, je n'ai que le tems de vous dire en partant pour Lausanne, que ma lettre à Pierron a été lue par l'Electeur; que la première place qui vaquera sera pour vous; mais vous savez qu'on attend quelquefois long-tems. Je vous assure que je ne négligerai aucune occasion de vous trouver quelque place qui vous convienne. Je vous prie de faire pour moi les plus tendres remerciemens à M. l'Ammeister Langhans, dont je n'oublierai jamais les procédés charmans. Souvenez-vous de moi auprès de M. Schœpflin et de M. de Gervasi.

---

(1) Trois de ces lettres seulement ont été imprimées.

Si Marie Thérèse et mes Russes ont quelques succès, ne me les laissez pas ignorer; il faut avoir de quoi se consoler de tout le mal qui nous arrive.

Quel est donc l'aimable Italien qui m'envoie des choses si agréables ? Quel qu'il soit, je le remercie de tout mon cœur, et je lui dois autant d'estime que de reconnaissance.

V.

Aux Délices, le 14 décembre 1758.

Mon cher Colini (1), j'ai encore écrit à monseigneur l'Electeur Palatin. Point de place vacante; il faut attendre. J'ai envoyé un ballot qui doit parvenir bientôt à monsieur Turkheim. Vous pouvez lui dire que ce ballot est pour vous; je le prie d'en payer les frais. C'est Cramer (libraire) qui l'a dépêché par les voitures embourbées de Suisse. Il contient trois exemplaires; un pour M. Langhans et deux pour vous. Si les Français, les Autrichiens, les Russes et les Suédois ne piquent pas mieux leurs chiens, ils ne forceront point la proie qu'ils chassent; Freytag aura raison, et la peine de M. Langhans sera perdue. *Addio mio Colini.*

J'ai acquis deux belles terres en France dans le pays de Gex qui est un jardin continuel. Si jamais vous êtes las du Rhin, j'habite toujours près du lac. V.

---

(1) Voltaire n'écrivit jamais autrement mon nom qui a deux ll. Dans le commentaire historique, il dit en parlant de lui-même : « Il alla donc à Genève avec sa nièce et M. *Colini*, son ami, qui lui servait de secrétaire, et qui a été depuis celui de monseigneur l'Electeur Palatin et son bibliothécaire.

Aux Délices, le 16 janvier 1759.

Il revient dans cette lettre et dans les deux suivantes, sur notre malheureuse affaire de Francfort.

COMME j'ai ici toutes les pièces, je vais faire dresser un mémoire. Il faudra d'abord que vous fassiez assigner Schmith pardevant le conseil de Francfort, en réparation de votre arrêt injuste; que vous redemandiez deux mille écus qu'on vous vola, et vingt mille francs de dépens, dommages et intérêts. La ville déniera justice, et alors je me fais fort de faire condamner Schmith à Vienne, sans qu'il vous en coûte rien. Mes complimens à madame de Lutzelbourg; je n'ai pas un moment à moi; je vous embrasse de tout mon cœur.

V.

Aux Délices, le 2 février 1759.

Si vous voulez entreprendre et suivre l'affaire de la restitution de vos effets, mon cher Colini, il faut courage et patience, et vous en viendrez à bout. Il est nécessaire que vous alliez à Francfort, dussiez-vous y aller en pélerin. M. de Sauer doit vous aider; je vous ferai toucher quelque argent à Francfort; vous aurez des lettres de recommandation pour Vienne, et madame de Bentinck pourra vous y être utile. Il n'est point étonnant que vous ayez attendu le moment favorable qui se présente (1). Vos anciennes protestations subsistent. Votre petite cassette où étaient vos effets, était dans une des malles dont on s'empara. Vous pouvez me citer, j'agirai en tems et lieu. Il est certain qu'un homme qui s'est emparé des malles et effets d'un voyageur sans faire d'inventaire et sans forme juridique, est tenu de rendre tout ce qu'on lui

___

(1) L'occupation de Francfort par le prince de Soubise.

redemande. Il n'est question que d'aller secrètement à Francfort avec des lettres de recommandation, et de bien songer que quand on a fortement résolu de réussir, il est rare qu'on échoue. Il faut discrétion, protection, courage, patience, et vous avez tout cela.

Aux Délices, le 7 mai 1759.

Je n'ai pas eu un moment à moi depuis deux mois, mon cher Colini; tantôt malade, tantôt surchargé de quelques travaux indispensables; tantôt occupé de ma ruine en faisant bâtir des châteaux. Je ne perds point de vue dans tous ces tracas les objets qui vous regardent; j'ai toujours devant les yeux Mannheim et Francfort; je ferai l'impossible pour aller à Schwetzingen, et je ferai l'impossible aussi pour vous prendre en passant. Vous avez grande raison de n'être point de l'avis du Docteur Pangloss : je ne penserai comme lui que quand je pourrai parvenir à vous être utile.

Aux Délices, le 3 septembre 1759.

Voltaire voyant que rien ne se décidait en ma faveur à la cour de l'Electeur palatin, songeait à d'autres moyens de me placer. C'est ce qu'il me donne à entendre dans cette lettre. Il avait en vue Paris; mais tout changea à la fin de 1759. Ses sollicitations auprès de l'Electeur palatin eurent tout le succès que je désirais.

Un grand mal aux yeux m'a empêché de répondre plutôt à votre dernière lettre, mon cher Colini. Il sera fort difficile que je puisse aller à la cour palatine cette année; mais attendons encore quelques mois, et j'espère faire pour vous quelque chose dont vous serez content.

Les lettres suivantes me furent toutes adressées à Mannheim.

Au château de Tourney, par Genève, 21 avril 1760.

J'avais mandé à Voltaire que M. Pierron, dont il s'était servi pour me recommander à la cour palatine, venait de mourir. M. Caux de Cappeval, dont il est question dans cette lettre, était un Français venu à Mannheim avec une société de littérateurs qui travaillèrent quelque tems à un journal, qui portait le titre de *Journal des Journaux*, et dont les premiers cahiers, parurent en 1760. Mannheim attirait alors beaucoup d'étrangers de mérite, qui venaient se livrer à leurs travaux sous les yeux d'un prince, l'ami des sciences et des arts qu'il faisait fleurir dans ses états. C'est ainsi qu'une société de gens de lettres avait, en 1763, choisi cette ville pour y travailler à un journal de jurisprudence; qu'en 1768 une autre société avait entrepris à Mannheim un journal français, sous le titre d'*Europe littéraire*. M. Caux de Cappeval, dont je viens de parler, était l'auteur de la traduction de la Henriade, en vers latins. Il s'établit à Mannheim, s'y maria, fut pensionné par l'Electeur, et mourut dans cette ville.

Sono stato sul punto di fare come il povero

Pierron. (1). On m'a dit mort; cela n'est pas entièrement vrai. Je compte, mon cher Colini, que vous deviendrez nécessaire à S. A. E. Plus vous l'approcherez, plus elle vous goûtera. Je vous adresse ma lettre pour lui. Je suis encore bien mal. Si mes forces reviennent, j'irai à Schwetzingen. Je ne veux pas mourir sans avoir encore vu le plus aimable et le meilleur des souverains. Il y a un Français, nommé M. de Caux, qui a écrit à ma nièce, de Mannheim. Je porterai, si je peux, la réponse. Je vous embrasse.

---

(1). J'ai été sur le point de faire comme le pauvre Pierron.

Au château de Tourney, le 11 juillet 1760.

Je lui avais soumis une dédicace que je comptais mettre à la tête de mon discours sur l'Histoire d'Allemagne, qui parut en 1761, adressé à l'Electrice Palatine, Elisabeth Auguste.

C*ARO* Còlini, sapete ben che in punto di dedicazioni la brevita e la prima virtù. Mandate me la e vene dirò il mio parere (1). Mais voici une meilleure affaire. Notre ministère doit de l'argent à la ville de Francfort-sur-Mein. M. le duc de Choiseuil me protège beaucoup ; le roi est content de moi. Voici le moment de faire arrêt sur l'argent dû à Francfort. Envoyez-moi un écrit conçu en ces termes : « Je donne pouvoir à M. de Voltaire de répéter pour moi, devant qui il appartiendra, la somme de deux mille écus d'empire, qui me furent pris à Francfort-sur-Mein, le 20 juin 1753, lorsque je fus arrêté par les soldats de ladite ville, conjointement avec M. de

---

(1) Savez-vous bien, qu'en fait de dédicaces, la brièveté est la première vertu.

Voltaire et madame Denis, contre le droit des gens ». Envoyez-moi cet écrit sur un petit quarré de papier que je joindrai à ma requête. J'espère qu'enfin vos deux mille écus d'empire vous seront rendus ; cela vaudra une dédicace ; *e vi auguro ogni felicita* (1).

___

(1) Je vous souhaite toute sorte de bonheur.

Le 30 juillet 1760.

Il me fait des observations sur la dédicace dont je viens de parler.

A vos talens qui vous rendent un juge éclairé. Je crois que les talens ne rendent point juge, qu'ils ne rendent point une femme un juge; que ce masculin et ce féminin font un mauvais effet: j'aimerais mieux: *à vos talens, à votre génie éclairé*; cela serait plus grammatical et aurait encore le mérite d'être plus correct. Le reste de l'épître dédicatoire est à merveille. Je suis étonné et enchanté, mon cher Toscan, que vous écriviez si bien dans notre langue.

L'aventure du corps de M. de Saint-Germain détruit, est bien désagréable; mais cela n'empêchera pas de présenter la requête. Je crois, autant qu'il m'en souvient, que votre cassette était dans votre valise. Il serait bon que vous rappelassiez votre mémoire et que vous m'écrivissiez positivement où elle se trouvait, ce qu'elle contenait et en quelles espèces était votre argent. Vous garderiez par devers vous un double de votre lettre: je suivrai cette affaire avec chaleur.

20 septembre 1760.

J'ai été bien malade, mon cher Colini, et il faut dans ma convalescence me tuer pour le plaisir des autres. J'ai chez moi le duc de Villars avec grande compagnie ; on joue la comédie. Ma très-mauvaise santé et l'obligation de faire les honneurs de chez moi m'ont mis dans l'impossibilité de faire le voyage. J'ai écrit à S. A. E. il y a environ quinze jours, et j'ai eu l'honneur de lui adresser un assez gros paquet que j'ai confié à M. Defresney de Strasbourg. Si le paquet n'a pas été rendu, ne manquez pas, je vous prie, d'en informer M. Defresney. L'affaire que vous savez est entamée. J'espère qu'elle réussira pour peu que nos armées aient du succès. Je vous embrasse de tout mon cœur.

V.

Aux Délices, 12 novembre 1760.

M. Harold était un anglais attaché à la personne de l'Electeur, et l'un de mes amis. Un poëte italien de la cour palatine, avait fait un opéra qui portait pour titre: *Cajo Fabrizio*. On le représenta dans un jour de gala, sur le beau théâtre du palais de Mannheim. L'auteur m'avait prié de le traduire en français, et il fut imprimé pour être distribué à ceux qui ne connaissaient pas l'italien.

Je vous écris, mon cher Colini, pour vous et pour M. Harold. Il me mande que vous avez traduit un opéra et que bientôt vous en ferez ; je viendrai sûrement les entendre. Ma mauvaise santé, mes bâtimens m'ont empêché cette année de faire ma cour à S. A. E. ; mais pour peu que j'aie assez de force, l'année qui vient, pour me mettre dans un carrosse, soyez sûr que je viendrai vous voir. Je fais mille tendres complimens à M. Harold. Je ne peux pas actuellement écrire de ma main ; je deviens bien vieux et bien malade : il est vrai que j'ai joué la comédie ; mais je n'ai joué que des rôles de vieillards cacochimes.

Les fers sont au feu pour la petite affaire que vous savez ; mais on ne pourra battre ce fer que quand les choses qui se décident par le fer auront été entièrement jugées. Je vous embrasse de tout mon cœur.

———

Au château de Ferney, par Genève, 29 décembre 1760.

Les hivers me sont toujours un peu funestes, mon cher Colini : vous connaissez ma faible santé ; je ne peux vous écrire de ma main. J'attendrai que la foule des complimens du jour de l'an soit passée pour importuner d'une lettre S. A. E. et pour lui présenter mon tendre et respectueux attachement. J'ai bien peur de n'être plus en état de venir lui faire ma cour. Je mourrai avec le regret de n'avoir pu finir notre affaire de Francfort. Vous savez que les événemens s'y sont opposés ; on est obligé de recommencer sur nouveaux frais quand on croyait avoir tout fini ; ce qui ne paraissait pas vraisemblable est arrivé. Soyez bien sûr que si les affaires se tournent d'une manière plus favorable, je poursuivrai celle qui vous regarde avec la plus grande chaleur. Je m'imagine que vous aurez de beaux opéra. Les hivers sont d'ordinaire fort agréables dans les cours d'Allemagne. Pour moi, je passerai mon hiver dans mes campagnes : il faut que je cultive mon petit territoire : j'ai environ deux lieues de pays à gouverner. Les choses sont bien changées de ce que vous les avez vues : je n'ai jamais été si heureux que je le suis, quoique malade et vieux ; je voudrais que vous partageassiez mon bonheur.

Au château de Ferney, 9 février 1761.

J'avais envoyé à Voltaire mon discours sur l'Histoire d'Allemagne, qui venait de paraître.

J'eus alors l'intention de faire une édition de ses œuvres de société avec un libraire de ma connaissance; je n'exécutai pas ce projet. J'écrivis à Voltaire pour avoir son assentiment. Il me répondit quelques jours après et m'envoya la permission de faire cette édition, comme on le verra par la déclaration écrite et signée de sa main, qui suit cette lettre.

Mon cher Colini, vous voilà agrégé au nombre des bons auteurs. Votre livre m'a paru très-bien fait, très-commode et très-utile : je vous en fais mes complimens et mes remerciemens. Je donnerai volontiers les mains à ce que vous me proposez, et à tout ce qui pourra vous être agréable.

Vous m'avez envoyé une traduction d'opéra, et je vous envoie une tragédie : il est vrai que je ne prends pas souvent la liberté d'écrire à votre adorable maître; mais je suis vieux, infirme et inutile : je ne dois songer qu'à mourir tout doucement, comme font force honnêtes gens qui ne sont pas plus nécessaires que moi au tripot de ce monde. Je n'ai guère de quoi amuser un grand prince du fond de mes retraites entre le Mont-Jura et les Alpes; mais je lui serai attaché jusqu'au tombeau, et je vous aimerai toujours.

V.

« Je ne peux que remercier quiconque
» veut bien se donner la peine d'imprimer
» mes faibles ouvrages, pourvu qu'on n'y
» insère rien d'étranger, rien contre la reli-
» gion catholique que je professe, rien contre
» l'état dont je suis membre, ni contre les
» mœurs que j'ai toujours respectées (h).
» Si l'on suit la dernière édition des frères
» Cramer, il faut en corriger les fautes que
» tout homme de lettres apercevra aisément.
» Mais j'avertis ceux qui veulent se charger
» de cette édition, que les frères Cramer
» réimpriment actuellement avec célérité et
» exactitude l'*Essai sur l'Histoire générale*
» *depuis Charlemagne jusqu'à nos jours*,
» corrigée et augmentée de moitié. J'avertis
» encore qu'ils préparent une nouvelle édi-
» tion avec de très-belles estampes, et qu'il
» vaudrait

» vaudrait mieux s'entendre avec eux que de
» hasarder un partage dangereux pour les
» uns et pour les autres. Je ne tire aucun
» profit de mes ouvrages, je n'en ai que la
» peine : je souhaite seulement que les li-
» braires ne se ruinent pas dans des entre-
» prises qui me font honneur ».

Fait au château de Ferney, le 4 avril 1761.

VOLTAIRE, *gentilhomme ordinaire de la chambre du roi.*

Forney, le 14 avril 1761.

L'Electeur, en écrivant à Voltaire, lui avait fait part de la grossesse de l'Electrice, devenue enceinte pour la première fois, après dix-neuf ans de mariage.

JE ressens bien vivement, mon cher Colini, l'extrême bonté de monseigneur l'Électeur qui daigne me parler de son bonheur et qui fait le mien. Je ferai l'impossible pour venir prendre part à la joie publique dans Schwetzingen, et c'en sera une bien grande pour moi de vous y voir et de pouvoir vous être de quelque utilité. Je vous ai envoyé ce que vous me demandiez pour l'édition. Je vous embrasse de tout mon cœur.

Au château de Ferney, le 7 juillet 1761.

L'Electrice mit au monde un prince qui ne vécut que peu d'instans.

J'AVAIS écrit à S. A. E., mon cher Colini, et je venais encore de l'importuner tout récemment, par une lettre que je vous ai adressée, lorsque j'ai reçu la vôtre du 29 juin, qui m'apprend que le baptême s'est changé en enterrement, et les fêtes en tristesse. J'en suis pénétré de douleur. Mes lettres auront paru autant de contre-tems, et celle que je prends encore la liberté de lui écrire ne sera qu'un surcroît de désagrément pour monseigneur l'Electeur.

La dernière que je lui ai écrite, regardait une souscription qu'on fait pour les œuvres de Corneille. On les imprime avec des notes instructives, on les orne de belles estampes. Cette entreprise est au profit de Mademoiselle Corneille, seule héritière de ce grand nom, et nous espérons que celui de S. A. E. ornera notre liste de souscripteurs (1).

---

(1) Voltaire apprend qu'une nièce du grand Corneille, languit dans un état indigne d'un aussi grand nom. « C'est le devoir d'un soldat de secourir la nièce » de son général », s'écrie-t-il. Il l'engage à venir habiter Ferney, la marie et la dote du produit de son commentaire sur les ouvrages de P. Corneille. On doit remarquer comme un trait de délicatesse, le choix qu'il fit de ce sujet; l'oncle de mademoiselle Corneille partageait l'honneur du bienfait, et la souscription y fit participer des têtes couronnées et tout ce que l'Europe avait d'illustre et d'éclairé.

Ferney, 25 août 1761.

Mes yeux me refusent encore le service. Je vous envoie, mon cher Florentin, une lettre pour monseigneur l'Electeur, que je n'ai pu écrire moi-même. Nous n'avons pas encore commencé notre Corneille, il n'y a que moi de prêt. S'il restait encore quelque argent aux Français pour faire des souscriptions, ils devraient en faire pour reprendre Pondichery; mais il est plus aisé d'imprimer Corneille que d'avoir des flottes. Nous voilà à peu près comme les Italiens; nous n'avons que la gloire des beaux arts, et encore ne l'avons nous guère. Adieu; je voudrais bien vous revoir avant de mourir, et je l'espère encore.

Le Suisse V.

Aux Délices, 20 janvier 1762.

J'avais écrit à Voltaire pour le prier d'envoyer à l'excellente troupe de comédiens français que l'Electeur avait à Mannheim, une tragédie à laquelle il travaillait, qui avait alors pour titre, *Cassandre*, et à laquelle il donna ensuite celui d'*Olimpie*.

Mon cher Colini, le paquet que j'ai adressé à S. A. E. était si gros, que je n'ai pas osé y mettre un autre nom que le sien, de peur que la poste refusât de s'en charger. Au reste, cette pièce dont vous parlez, n'est qu'une simple esquisse, et je travaille à rendre l'ouvrage plus digne de lui.

Je suis bien vieux et bien cassé, ma vue s'affaiblit, mes oreilles deviennent bien dures; cependant je ne perds jamais de vue l'affaire de Francfort, et je ne désespère pas d'obtenir justice; j'espère beaucoup des Russes. Il faudra bien qu'à la fin les Schmith et les Freytag, connaissent qu'il y a une providence; j'aiderai un peu cette providence, si j'ai la force de

faire un voyage; et comme on espère toujours;
j'espère faire un voyage et vous embrasser,
dès que je serai quitte de mon Pierre Corneille.

Addio caro. V.

Aux Délices, 12 février 1762.

Il avait envoyé à l'Electeur, sa tragédie de Cassandre.

Mon cher Colini, avez-vous autant de vent et de neige que nous en avons ici ? Plus je vis, moins je m'accoutume à ces maudits climats septentrionaux ; je m'en irais en Egypte, comme le bon homme Joseph, si je n'avais pas ici famille et affaires.

J'ai envoyé à S. A. E. une tragédie que j'avais faite en six jours (1), pour la rareté du fait ; mais je la supplie de la jeter dans le feu. Je l'ai corrigée avec le plus grand soin, et je la crois à présent moins indigne de lui être présentée.

---

(1) Voltaire, âgé de soixante-neuf ans, composa Cassandre en six jours. Il écrivait à d'Alembert dont il voulait avoir l'opinion sur cette pièce : « C'est l'ouvrage de six jours. » — D'Alembert lui répondit : « L'auteur n'aurait pas dû se reposer le septième. » Voltaire répliqua : « Aussi s'est-il repenti de son ou- » vrage. » Quelque tems après il lui renvoya sa tragédie avec les plus heureuses corrections.

Algarotti et Goldoni me flattent qu'ils seront à Ferney au printems. Je voudrais bien que vous puissiez y être aussi. Je vous embrasse de tout mon cœur.

A Ferney, ce 22 mars 1762.

Je lui avais fait part de mon mariage.

Vous voilà donc marié ! Je voudrais vous venir porter mon présent de noce. Je vous embrasse, vous, madame votre femme et le petit garçon palatin que vous aurez dans un an. *e viva!* Voici une lettre pour S. A. E. Voulez-vous bien aussi vous charger de celle pour M. de Beckers (ministre des finances.)

V.

A Ferney, 23 avril 1762.

Mon cher Colini, j'ai différé long-tems à vous répondre sur le Cassandre. J'ai voulu auparavant connaître moi-même mon ouvrage, et pour le connaître il a fallu le faire jouer. J'ai fait venir Lekain à Ferney; il a eu cette complaisance. J'ai vu l'effet de la pièce ; c'est un très-beau coup-d'œil, ce sont des tableaux continuels ; mais aussi ils demandent des comédiens qui soient autant de grands peintres, et qui sachent se transformer en peintures vivantes. Le moment du bûcher fut terrible ; les flammes s'élevaient quatre pieds au-dessus des acteurs. Enfin, c'est une tragédie d'une espèce toute nouvelle. Les trois derniers actes sont absolument différens de la première esquisse que je pris la liberté d'envoyer à S. A. E. ; mais il s'en faut bien encore que je sois content. J'ai senti à la représentation qu'il manquait beaucoup de nuances à ce tableau ; j'y travaille encore. Je vous prie de me mettre aux pieds de S. A. E., moi et Cassandre. Si elle voulait me renvoyer mon ancien manuscrit, je lui serais infiniment obligé : il n'y aurait qu'à l'adresser à madame Defresney à Strasbourg, elle me le ferait tenir avec sûreté.

V.

Aux Délices, 30 août 1762.

Voltaire changea le titre de sa tragédie et lui donna celui de Cassandre. Je lui avais écrit que l'Electeur allait la faire jouer sur son théâtre et je lui rendais compte de toutes les dispositions que l'on avait faites pour la bien représenter. L'Electeur m'avait chargé de diriger les acteurs d'après les instructions que je recevrais de Voltaire, et de veiller au succès de la représentation. De là les noms *d'inspecteur des jeux, d'intendant du temple, de secrétaire de la famille d'Alexandre, de confident de Statira*, que me donne Voltaire dans les lettres suivantes. Cette tragédie fut représentée pour la première fois avec grande pompe, devant toute la Cour, le 30 septembre 1762, sur le théâtre de Schwetzingen, maison de plaisance de l'Electeur.

Vous allez donc, mon cher ami, être l'inspecteur des jeux. Si la trappe réussit, je suis pour la trappe. Je ne me servis de coulisses pour brûler Olimpie que parce que je ne pouvais avoir de trappe. Je faisais apporter un autel, haut d'environ trois pieds; on portait sur cet autel les offrandes qu'Olimpie devait faire ; elle montait sur un petit gradin, derrière cet autel. Les flammes cependant s'élançaient à droite et à gauche fort au-dessus des deux coulisses fermées, sur lesquelles étaient peints des tisons enflammés. Olimpie descendait rapidement de son petit marchepied, elle passait comme un trait en se baissant un peu entre les deux coulisses ouvertes qui se refermaient sur-le-champ ; elle se mettait en sûreté, et alors les flammes redoublaient.

Au reste, s'il en est encore tems, vous trouverez ci-joint un petit changement, au cinquième acte, qui m'a paru nécessaire. Nous allons jouer aussi Cassandre à Ferney ; mais à peine pourrai-je l'entendre. Car en vérité, je deviens sourd et aveugle. Le pays de Gex est charmant, mais il est entouré de montagnes de neige que je crois fort malsaines.

On dit que la tragédie de Russie recommence ; qu'on est sur le point de voir une seconde révolution. Je ne crois pas cette nouvelle fondée ; mais enfin dans ce monde il faut s'attendre à tout. Ma fluxion m'empêche de vous écrire de ma main ; je suis dans un état désagréable ; c'est le partage de la vieillesse.

Je vous prie très-instamment d'empêcher l'impression de la pièce ; de ne la donner au souffleur qu'au moment de la représentation, et de retirer les rôles dès qu'elle aura été jouée. Je vous embrasse de tout mon cœur.

V.

Aux Delices, 4 septembre 1762.

VOICI tout ce que peut répondre un pauvre homme qui perd l'ouïe et la vue, et qui perdra bientôt le reste.

Il y a toujours quelque chose à refaire à une tragédie. Je me suis aperçu que dans la troisième scène du quatrième acte, l'Hiérophante ne donne nulle raison de cette loi qui n'accorde qu'un seul jour à Olimpie pour renoncer à son époux, et pour faire un nouveau choix. La voici cette raison :

. . . .
Son épouse en un jour peut former d'autres nœuds
Elle le peut sans honte, à moins que sa clémence,
A l'exemple des dieux ne pardonne l'offense.
La loi donne un seul jour: elle accourcit les tems
Des chagrins attachés à ces grands changemens.
Mais surtout attendez les ordres d'une mère ;
Elle a repris ses droits, ce sacré caractère, etc. . .

M. Colini est prié de faire ce petit changement sur le rôle de l'Hiérophante. La pièce aurait encore besoin de quelques autres changemens

mens; mais comme le tems presse, on ne veut pas fatiguer les acteurs.

On a déjà dit, dans la dernière lettre, comment la scène du bûcher fut exécutée au château de Ferney. On prendra sur le théatre de Schwetzingen le parti que l'on voudra; mais il est essentiel que les prêtresses apportent un autel sur le devant du bûcher, et qu'Olimpie monte sur ce petit gradin à l'autel.

Ce qu'il y a de plus nécessaire, c'est que l'actrice chargée du rôle d'Olimpie soit très-attendrissante; qu'elle soupire, qu'elle sanglote; que dans la scène avec sa mère elle observe de longues pauses, de longs silences qui sont le caractère de la modestie, de la douleur et de l'embarras.

Il faut au dernier acte un air recueilli et plein d'un sombre désespoir; c'est là surtout qu'il est nécessaire de mettre de longs silences entre les vers. Il faut au moins deux ou trois secondes en récitant :

Apprends... que je t'adore... et que je m'en punis.

Un silence après *apprends*, un silence après que je *t'adore*.

Le rôle de Cassandre doit être joué avec la

plus grande chaleur, et celui de l'Hiérophante avec une dignité attendrissante.

M. Colini est instamment prié de ne point faire imprimer la pièce avant qu'on y ait donné la dernière main. Le malade lui fait mille complimens.

A Ferney, le 20 septembre 1762.

J'avais parlé à Voltaire d'un ouvrage auquel je travaillais depuis quelque tems ; c'était le *Précis de l'Histoire du Palatinat du Rhin.*

Si le désir extrême de revoir Schwetzingen pouvait recevoir d'autre motif que celui de faire ma cour à leurs Altesses électorales, je sens que l'envie de voir votre beau théâtre, pourrait entrer pour quelque chose dans mes idées. Votre bûcher, mon cher intendant du temple, est bien au-dessus de mon bûcher ; mais aussi je n'ai pas un théâtre aussi étendu que le vôtre. Il n'appartient pas au philosophe de Ferney d'avoir le théâtre d'un électeur (1). J'ai été obligé de me servir de coulisses, parce que la place me manquait. J'ai fait percer

---

(1) Voltaire était loin d'apporter aux représentations qu'il donnait lui-même de ses pièces, la pompe qu'il exigeait des comédiens. Il déclamait sans cesse contre la mesquinerie de nos théâtres, et les siens étaient même au-dessous de la simplicité. Voici la description sommaire de celui qu'il fit arranger à

ces coulisses à jour; les flammes qui s'élevaient derrière ces coulisses jetaient des étincelles à travers ces ouvertures; tout était enflammé : mais ma petite invention n'approche pas de celle dont vous m'envoyez le plan. Présentez, je vous prie, à son Altesse électorale, mes remercîmens et mon respect.

Je ne doute pas que vous n'ayez donné à l'actrice qui représente Olimpie, l'intelligence de son rôle. Elle doit en général dire, *je vous hais*, avec la plus douloureuse tendresse; elle doit varier ses tons, être pénétrée. Tout doit être animé dans cette pièce; sans quoi la magnificence du spectacle ne servirait qu'à faire remarquer davantage la froideur des acteurs.

J'attends votre *Précis de l'Histoire du Palatinat du Rhin*; et si je n'ai pas le bonheur de revoir ce beau pays, j'aurai la consolation de le voir dans votre ouvrage. Je vous embrasse du meilleur de mon cœur.

V.

Tourney. « Les châssis des coulisses étaient couverts d'oripeau en clinquant, et de fleurs de papier; le fond représentait des arcades percées dans le mur. Au lieu de frises, on voyait un drap sur lequel était peint en couleur canelle, un immense soleil. C'est sur ce théâtre que furent joués Alzire, Mérope et Tancrède. »

7 octobre 1762.

Voici ce qui m'est arrivé, mon cher secrétaire de la famille d'Alexandre et de son Altesse électorale palatine. On a représenté Olimpie chez moi. Madame Denis y a joué comme mademoiselle Clairon, et mademoiselle Corneille s'est surpassée. Mais la mort de Statira, son évanouissement sur le théâtre m'ont glacé, et l'amour d'Olimpie ne m'a pas paru assez développé. Je deviens très-difficile quand il faut plaire à leurs Altesses électorales. J'ai tout changé; et la nouvelle leçon que je vous envoie me paraît infiniment mieux ou infiniment moins mal. Si la pièce n'est pas encore jouée à Schwetzingen, je demande en grace qu'on diffère jusqu'à ce que les acteurs sachent les trois derniers actes tels que je les ai corrigés. Il s'agit de mériter le suffrage de monseigneur l'Electeur; il ne serait certainement pas content de l'évanouissement de Statira. Il vaut mieux tard que mal, et cela en tout genre.

Je vous supplie instamment de présenter mes très-humbles obéissances au chambellan qui dirige les spectacles (le baron d'Erbestein), et à son ami dont j'ignore le nom (le comte de Corsturelles d'Arras), mais dont je connais le mérite par des lettres qu'il a écrites à M. de Chenevières, premier commis de la guerre à Versailles. Vous trouverez aisément à débrouiller tout cela. En vérité, je n'ai pas un moment à moi, je suis surchargé de tous côtés. Aimez-moi toujours un peu.

V.

18 octobre 1762.

Mon cher confident de Statira, je vous ai assassiné inutilement d'une petite partie des corrections faites à la famille d'Alexandre; une tragédie ne se jette pas en moule; cela demande un tems prodigieux. Je ne veux plus en faire, mais je veux vous aimer toujours.

V.

Ferney, 11 janvier 1763.

Voici enfin Olimpie, telle que j'ai pu la faire après bien des soins ; elle n'était encore digne, ni de son Altesse électorale, ni de l'impression quand je vous l'envoyai. Je souhaite, mon cher Colini, que l'édition par vous projetée vous procure quelque avantage. Les remarques à la fin de l'ouvrage sont assez curieuses. Je vous embrasse et vous prie de me mettre aux pieds de leurs Altesses électorales.

V.

21 janvier 1763.

Mon précis de l'Histoire du Palatinat du Rhin venait de paraître, et je le lui avais envoyé.

J'AI reçu votre *Palatinat*, mon cher historiographe; me voilà au fait, grace à vos recherches, de bien des choses que j'ignorais. Les Palatins vous auront obligation.

Nous sommes ici dans les neiges jusqu'au cou; cela gèle l'imagination d'un pauvre malade d'environ 70 ans, et je n'ose écrire à monseigneur l'Electeur de peur de l'ennuyer.

Vous avez probablement reçu le petit paquet que je vous ai adressé. Je vous embrasse de tout mon cœur.

P. S. Voudriez-vous bien à ces vers de la troisième scène du quatrième acte :

La loi donne un seul jour; elle accourcit les tems
Des chagrins attachés à ces grands changemens;
Mais surtout attendez les ordres d'une mère,
Elle a repris ses droits, ce sacré caractère, etc.

substituer ceux-ci :

Statira vit encore, et vous devez penser,
Que du sort de sa fille elle peut disposer.
Respectez les malheurs et les droits d'une mère;
Les lois des nations, le sacré caractère
Que la nature donne, et que rien n'affaiblit.

Vous voyez que je me contente difficilement. Je fais vîte, et je corrige long-tems. Je vous embrasse.

———

A Ferney, 1er. février 1763.

Je fais un effort pour vous écrire, mon cher Colini, car je vois à peine mon papier. Je deviens aveugle ; et si jamais je fais ma cour à LL. AA. EE., je me ferai conduire par un petit chien. Si vous êtes dans l'intention d'imprimer Olimpie, je vous prie de faire une petite préface, par laquelle il paraisse, et comme il est vrai, que je n'ai nulle part à l'impression. Si mes amis de Paris pouvaient s'imaginer que je fais imprimer cette pièce en pays étranger, au lieu de la donner en France, ils m'en sauraient mauvais gré avec raison. Je vous assure d'ailleurs que l'ouvrage acquerra un nouveau prix, s'il en a quelqu'un, par une préface de votre main. Je vous serai plus obligé que vous ne me l'êtes.

Addio caro. V.

Aux Délices, 7 mars 1763.

Je venais de faire imprimer *Olimpie* avec une préface, ainsi que m'en avait prié Voltaire.

Mon cher historien palatin, mon cher éditeur, envoyez-moi, je vous prie, sur-le-champ, par les voitures publiques, trois douzaines d'*Olimpies* en feuilles, je vous serai obligé. Je ne peux écrire une longue lettre, attendu que mes yeux me refusent le service. Je vous embrasse de tout mon cœur.

V.

Aux Délices, 26 mars 1763.

Je lui avais mandé que l'Electeur, content de mon Précis de l'Histoire du Palatinat du Rhin, m'avait fait délivrer des patentes d'historiographe.

JE vous fais mon compliment de tout mon cœur, mon cher ami, de votre historiographerie. Vous voilà en pied de toute façon. Envoyez-moi, je vous prie, par les messageries les plus promptes, le paquet que je vous ai demandé, et mettez aux pieds de S. A. E. son vieux serviteur, qui est presque aveugle. Je vous embrasse du meilleur de mon ame.

V.

26 avril 1763.

Mon cher historiographe, j'ai reçu votre petit paquet, et je vous en remercie. Je vous prie de me faire un second envoi, et de régaler madame Defresney d'un exemplaire. Ayez la bonté de lui écrire un petit mot; cette attention l'engagera à me faire tenir les paquets sans se rebuter.

Voilà les beaux jours qui arrivent; que ne puis-je venir vous voir! mais je suis dans ma soixante-douzième année, et il faut que j'achève l'édition de Corneille, etc.

Aux Délices, 3 mai 1763.

Je vous prie instamment d'envoyer sur-le-champ, par la poste, un exemplaire d'*Olimpie* à son *Eminence monseigneur le cardinal de Bernis, à Soissons*. Vous me ferez très-grand plaisir, mon cher historiographe.

Etes-vous à Schwetzingen? êtes-vous à Manheim? pour moi je suis au coin de mon feu, n'en pouvant plus.

2 juin 1763.

J'AI reçu votre paquet, mon cher historiographe; en vous faisant mes remerciemens, j'y ajoute une prière. S. A. E. a une suite de médailles de monnaies papales; nous n'avons pas de telles curiosités à Genève. Je vous prie instamment de voir si le mot *Dominus* se trouve sur la monnaie de quelque pape; et en cas que vous trouviez un *Dominus*, ou *Domnus*, ou *Domn*, mandez-moi je vous prie à quel pape il appartient. Cette connaissance m'est nécessaire pour éclaircir un point d'histoire. A qui puis-je mieux m'adresser qu'à un historiographe ? N'auriez-vous point aussi dans votre belle bibliothèque quelque notice concernant la bulle d'or ? Les derniers articles furent, comme vous savez, promulgués à Nuremberg, en présence du Dauphin de France qui faisait là une pauvre figure, et qui fut placé au-dessous du cardinal d'Albe. Ce dauphin était celui qui fut depuis le roi Charles V. Auriez-vous quelque paperasse concernant

cette

cette séance? Ce cardinal d'Albe était-il *légat à latere*? Siégeait-il avec les électeurs, devant ou après? L'anecdote mérite d'être approfondie en faveur de la modestie ecclésiastique. *Vale amice.*

V.

28 juin 1763.

Ce que Voltaire dit ici du pape Jules III, n'est pas un trait satyrique. Il appartient à l'histoire de ce pape, dont la vie ne fut pas très-édifiante.

Mon cher ami, je ne puis trop vous remercier de vos instructions sur les monnaies de Rome. Il me serait fort doux de chercher avec vous de vieilles vérités dans votre bibliothèque électorale. Mais l'âge avance, la faiblesse augmente, et probablement je ne vivrai et ne mourrai ailleurs que chez moi. La médaille de Jules III n'est pas modeste, mais je voudrais qu'on eût mis au revers : *Il ragazzo suo bardazza colla scimmia. Addio Caro.* Je vous écrirai plus au long quand j'aurai de la santé et du loisir, deux choses qui me manquent.

V.

A Ferney, 7 novembre 1763.

Je lui avais mandé que l'électeur venait d'établir à Mannheim une Académie des Sciences, et que ce souverain désirait qu'il en fût membre honoraire. Son Altesse électorale avait daigné m'y admettre.

Mon cher ami, je suis actuellement très-affligé des yeux. On n'a pas soixante-dix ans impunément dans un pays de montagnes. L'honneur dont vous me dites que S. A. E. pourrait me gratifier, serait une grande consolation pour moi, dans ma chétive vieillesse; je serais plus flatté du titre de votre confrère que d'aucun autre. Je vous supplie de présenter mon profond respect et ma reconnaissance à monseigneur l'Electeur. Je lui ai écrit pour lui dire combien j'admire son établissement, mais je n'ai pas osé lui demander d'en être.

L'édition de Pierre Corneille, dont j'ai été obligé de corriger toutes les épreuves pendant deux années, m'a retenu indispensablement à Ferney et aux Délices. Ce travail assidu, qui n'a pas été le seul (1), n'a pas peu contribué à la fluxion horrible que j'ai sur les yeux. Mon cher ami, quoiqu'en dise Cicéron *de senectute*, la fin de la vie est toujours un peu triste. Je vous embrasse.

V.

---

(1) Tandis que Voltaire travaillait péniblement au commentaire de Corneille, pour assurer à la nièce du père de la tragédie un état convenable, le procès des Calas retentit jusqu'à Ferney. Le désir de soustraire à l'infortune et à l'infamie ces victimes de l'injustice ou de l'ignorance doubla ses forces, il joignit à un trait de bienfaisance et de désintéressement un acte de courage et d'humanité.

Ferney, 26 janvier 1764.

Les pauvres aveugles écrivent rarement, mon cher ami; non-seulement les fenêtres se bouchent, mais la maison s'écroule. J'ai travaillé pendant deux ans à l'édition de Corneille; tous les détails de cette opération ont été très-fatigans; je n'ai pu m'absenter un moment pendant tout ce tems-là; et à présent que je pourrais respirer en faisant ma cour à LL. AA. EE., me voilà dans mon lit, ou au coin de mon feu, dans une situation assez triste. Vous connaissez ma mauvaise santé, l'âge de soixante et dix ans n'est guère propre à rétablir mes forces. Je vous prie de me mettre aux pieds de monseigneur l'Electeur; il y a long-tems qu'il n'a daigné me consoler par un mot de sa main; je ne lui en suis pas assurément moins attaché avec le plus profond respect, et je porte toujours envie à ceux qui ont le bonheur d'être à sa cour. Je vous embrasse bien tendrement. Les lettres d'un malade ne peuvent être longues.

Ferney, 28 mars 1764.

Mon cher ami, je vous adresse un voyageur qui est digne de voir Mannheim, votre bibliothèque, votre académie et toutes vos raretés, mais surtout le respectable maître de toutes ces belles choses : c'est M. Mallet, d'une très-bonne famille de Genève, homme d'un vrai mérite (1). Il a été long-tems à la cour de Copenhague où il est fort regretté ; il a fait l'histoire de Danemarck, comme vous celle du Palatinat. Je vous prie de le recommander à M. Harold, avec le même empressement que je vous le recommande.

Votre théâtre de Schwetzingen a porté bonheur à Olimpie ; on dit qu'elle est bien jouée et bien reçue à Paris. Le public a témoigné qu'il ne serait pas fâché de voir l'auteur ; mais si je pouvais faire un voyage, ce serait vers le Rhin que j'irais, et non vers la Seine ; mon état me permet moins que jamais ce bonheur. Je dépéris tous les jours : je suis actuellement au lit avec un peu de fièvre ;

mes souffrances sont continuelles ; je fais ce que je peux pour ne pas perdre patience. On dit que la philosophie rend heureux ; mais je crois que les gens qui ont dit cela se portaient bien. Je vous embrasse de tout mon cœur.

Aux Délices, 28 mai 1764.

Il m'adressait un jeune candidat de la communion réformée, qui se nommait Hilspach.

Mon cher confrère en historiographerie, je crois que vous avez été très-content de notre confrère M. Mallet, qui s'en va historiographer le landgraviat de Hesse. Je vous présente toujours quelque étranger; en voici un qui a une autre sorte de mérite; mais vraiment il n'est point étranger à Mannheim, c'est un Palatin : il est vrai qu'il est réformé et qu'il demande une cure réformée. Vous ne vous mêlez pas de ces œuvres pies ou impies, ni moi non plus. Il m'est fortement recommandé, et je vous le recommande autant que je peux. Dites-lui du moins comment il faut s'y prendre pour obtenir l'honneur de brailler en allemand pour de l'argent; indiquez-lui la route qu'en vérité je ne connais pas. Je vous écris de ma main, mais c'est avec une difficulté extrême; ma fluxion s'est jetée sur la gorge, et m'empêche de dicter. Je ne sais pas comment je suis en vie avec tous les maux qui m'assiégent. Ils n'ont point encore pris sur l'ame, et ils laissent surtout des sentimens à un cœur qui est à vous.

A Ferney, 11 juillet 1764.

JE ne crois pas, mon cher ami, qu'il me soit permis de solliciter auprès de S. A. E. pour un homme d'église; car outre que je suis fort profane, j'ai toujours sur le cœur de n'être point venu me mettre aux pieds de monseigneur l'Electeur. L'édition de Corneille à laquelle il a fallu travailler deux ans et quelques mois, m'a retenu indispensablement auprès de Genève. J'ai été privé de la vue six mois entiers par une fluxion affreuse qui se promène encore sur ma pauvre figure, née très-faible et affligée de soixante et onze ans qui seront bientôt révolus. Je suis obligé de prendre médecine quatre fois par semaine; vous jugez bien que dans cet état je suis beaucoup plus digne de la boutique d'un apothicaire que de la cour d'un prince aimable, plein d'esprit et de connaissances. J'ai opposé autant que j'ai pu un peu de gaîté à la tristesse de ma situation; mais enfin la gaîté cède à la douleur et à la vieillesse. Si je pouvais compter seulement sur un mois d'un état tolérable, je vous assure, mon cher Colini, que je prendrais bien vîte la poste, et que vous me verriez venir me mettre au rang des sujets de S. A. E., c'est-à-dire au nombre des gens heureux. Ce mot d'heureux n'est pas trop fait pour moi. A votre âge, mon cher Colini, on jouit de la vie, et au mien on la supporte. Je vous embrasse bien tendrement.

V.

Ferney, 1er. août 1764.

Vous devriez engager monseigneur l'Electeur à faire venir un livre intitulé *les Contes de Guillaume Vadé*. On dit qu'il y a des choses assez plaisantes, et qu'il est beaucoup question de Fréron dans cet ouvrage. Réjouissez-vous tant que vous pourrez, et aimez-moi toujours un peu.

4 août 1764.

Sur la recommandation de Voltaire, M. Hilspach fut fait ministre réformé à Beaumenthal.

Son Altesse électorale, mon cher ami, a la bonté de me faire écrire par M. Harold, qu'il fera curé notre petit homme. Je vous adresse ma réponse à M. Harold, dans laquelle il y a une lettre de remerciement pour monseigneur l'Electeur. J'y joins une petite brochure touchant maître *Aliboron*, dit *Fréron*, que j'ai reçue de Paris. J'espère que vous la verrez et qu'elle vous amusera. Je suis bien vieux et bien malade. *Vale*.

V.

19 octobre 1764.

Je lui avais mandé que Fréron était venu à Mannheim.

Mon cher ami, si le zèle peut donner des forces, je viendrai assurément vous embrasser avant de mourir. Je vous adresse cette lettre pour votre adorable maître. Avez-vous encore Fréron chez vous? Nous ne devons pas paraître lui et moi sur le même hémisphère. *Addio mio caro.*

Ferney, 27 octobre 1764.

Voltaire m'avait instruit en Prusse, de l'idée que l'on avait eue à la cour de Frédéric, d'un dictionnaire philosophique. Voyez ces mémoires sous l'année 1752.

Mon cher ami, j'étais tout prêt à partir, j'allais venir en poste vous embrasser, me mettre aux pieds de LL. AA. EE., et passer avec elles le reste de l'automne. Mes maux, et surtout ma fluxion sur les yeux ont tellement redoublé, que je suis actuellement privé de la vue, et que tout ce que je peux faire, c'est de signer mon nom au hasard. Me voilà entre quatre rideaux : ma vieillesse est devenue bien malheureuse. Je perds avec la santé plus d'une consolation de ma vie ; mais si les bontés de monseigneur l'Electeur me restent, je ne me croirai point à plaindre.

Avez-vous entendu parler d'un *Dictionnaire philosophique* portatif qu'on débite en Hollande ? Je me le suis fais lire : il est détestablement imprimé, et plein de fautes absurdes ; mais il y a des choses très-singulières et très-intéressantes. C'est un recueil de pièces de plusieurs auteurs. On en a déterré quelques-unes de moi, qui ne sont pas les meilleures. Le reste est fort bon. Adieu; je vous embrasse de tout mon cœur.

V.

7 novembre 1764.

Le pauvre aveugle vous prie, mon cher Colini, de présenter ce paquet à S. A. E., et d'assurer M. Schœpflin de mes très-humbles et très-tendres obéissances. Vous devriez bien me dire comment mon ami Fréron a été reçu? s'il a mangé avec l'Electeur, et me dire entièrement ce que vous ne m'avez dit qu'à moitié dans votre avant dernière lettre. Je vous embrasse de loin, et certainement je vous embrasserai de près l'été prochain, si j'ai des yeux.

A Ferney, 4 décembre 1764.

Lorsque j'eus envoyé à Voltaire le diplome de membre honoraire de l'académie de Mannheim, il fit ses remerciemens au baron de Hohenhausen, président, et à M. Schœpflin, professeur de l'université de Strasbourg, président honoraire.

Vous recevez donc aussi les aveugles dans votre académie! C'est une bonne œuvre, mon cher confrère, dont Dieu vous bénira. Je vous prie de présenter ma lettre de remerciemens à M. de Hohenhausen, et de faire bien mes complimens à M. Schœpflin quand vous le verrez.

Je vois qu'on m'avait bien trompé quand on m'avait dit qu'on citait en faveur de Fréron ce vers de Virgile:

......*Tu das epulis accumbere divum.* (1)

---

(1) Qu'il lui soit accordé de s'asseoir à la table des dieux.

Il faut dire de lui au contraire :

Nec Deus hunc mensâ, dea nec dignata cubile est (1).

Je crains bien de mourir cet hiver ; mais je vous promets de ressusciter dans les beaux jours, pour aller faire ma cour à S. A. E., et pour vous embrasser. Bon soir, mon cher ami, et mon cher confrère.

---

(2) Un dieu ne l'a point jugé digne de sa table, ni une déesse de son lit.

A Ferney, 20 février 1765.

Mon cher ami, j'entre aujourd'hui dans ma soixante et douzième année, en dépit de mes estampes qui me donnent quelques jours de moins. Ce n'est pas sans peine que j'ai attrapé cet âge. Je n'ai presque point quitté mon lit depuis deux mois. Vous m'avez vu bien maigre, je suis devenu squelette; je m'évapore comme du bois sec enflammé, et je serai bientôt réduit à rien.

Mettez-moi, je vous prie, aux pieds de S. A. E.; je veux qu'elle sache que je mourrai son admirateur, son attaché, son obligé.

Dites-moi si vous avez trois pieds de neige à Mannheim, comme nous sur les bords du lac Léman? Avez-vous de beaux opéra? J'avais un pauvre petit théâtre, grand comme la main, je viens de le faire abattre. Vous voyez que j'ai renoncé au démon et à ses pompes. Lamétrie a fait l'homme machine et l'homme plante (1). Il est triste de n'être qu'une plante du pays de Gex. J'aurais végété plus agréablement à Schwetzingen.

Adieu. Aimez-moi pour le peu de tems que j'ai encore à exister et à sentir.

V.

---

(1) Lamétrie était lecteur du roi de Prusse et de plus médecin, quoiqu'il se moquât beaucoup de la médecine. Sa gaîté, sa franchise et son étourderie plaisaient beaucoup à Frédéric. Il était athée en religion et un peu en morale. Il mourut après avoir mangé chez mylord Tirconel un pâté d'aigle qui lui donna une indigestion. Deux médecins dont il s'était moqué l'assistèrent dans sa maladie. Il y eut grand débat après sa mort pour savoir s'il était mort en bon chrétien. Il avait demandé à être enterré dans son jardin : son corps fut cependant porté dans l'église catholique, où il entrait sans doute pour la première fois.

A Ferney, 21 mai 1765.

Mon cher ami, que S. A. E. me dise : « Prends ton lit et marche » ; je vole à Schwetzingen. Il y a plus de huit mois que je ne suis sorti de ma chambre ; je meurs en détail et nous ne sommes plus au tems des miracles. Je sais bien qu'il y a des gens qui ont encore de la force à soixante et douze ans ; les patriarches étaient des enfans à cet âge.

Ceux qui ont dit que je quittais mon petit château de Ferney ont été bien mal informés : il est vrai que je me suis défait des *Délices*, mais c'est que je ne me suis pas trouvé assez riche pour les garder, et que l'état de ma santé, qui exige la retraite la plus profonde, était incompatible avec l'affluence de monde que m'attirait le voisinage de Genève (1). J'ai jugé d'ailleurs que n'ayant qu'un corps je ne devais pas avoir deux mai-

----

(1) Cette affluence n'était pas moins grande à Ferney qu'aux Délices : on venait de tous côtés avec un empressement qui quelquefois fatiguait le philosophe et

sons. Qu'il serait doux pour moi, mon cher ami, de passer quelques-uns de mes derniers jours auprès d'un prince tel que monseigneur l'Electeur ! Quel plaisir j'aurais, après lui avoir fait ma cour, de m'enfermer dans ma chambre, avec quelques volumes de sa belle bibliothèque ! Dans quel triste état que je sois, je ne veux pas désespérer de ma destinée ; je me flatte toujours de la plus douce de mes espérances ; mettez-moi à ses pieds, aimez-moi et soyez bien sûr que je ne vous oublierai jamais.

(*Au bas est écrit de sa main*) : J'ai été bien mal après ma lettre.

---

lui arrachait des réponses dures ou piquantes. « Qu'on » dise que je n'y suis pas, s'écria-t-il un jour ; qu'on » me laisse respirer ! me prennent-ils pour la bête du » Gévaudan ? » — Une autre fois il dit, en voyant arriver des curieux : « Mon Dieu, délivrez-moi de mes » amis, je me charge de mes ennemis ». — M. Guibert était venu de Paris et avait passé plusieurs jours à Ferney où les allans et les venans étaient hébergés sans avoir encore pu parler au grand homme. L'impatience lui dicta ce billet, qui le fit recevoir : « Vous » êtes comme Dieu, on vous mange, on vous boit et » l'on ne vous voit pas ».

A Ferney, 29 juin 1765.

Ah! mon ami, que je voudrais voir opérer le miracle dont S. A. E. daigne vouloir m'honorer! Mais j'irai bientôt dans un pays où l'on n'a plus besoin de miracles. J'ai été si mal que presque toute ma famille est venue de Paris pour me consoler dans ma retraite et dans mes maux : elle m'a trouvé très-résigné; mais je vous assure que je ne le suis guère quand je songe que je ne vous reverrai plus. Cependant si je puis résister à ce dernier orage, je ne veux pas perdre entièrement l'espérance. Consolez-moi en me mettant aux pieds de Monseigneur. L'état où je suis à présent ne me permet guère de vous en dire davantage.

Ferney, 4 octobre 1765.

Tout le monde connaît la funeste catastrophe dont les Calas furent victimes : on sait à quel point Voltaire s'intéressa en leur faveur. Je présentai à S. A. E. l'individu de cette malheureuse famille dont il est parlé dans la lettre suivante : il faisait, pour subsister, un petit commerce de bijouterie. L'Électeur, après s'être entretenu avec lui de cette triste affaire, lui acheta la plus grande partie de ses articles.

Je vous présente, mon cher ami, un des enfans de madame Calas, une victime innocente échappée au fanatisme et vengée par l'Europe entière : il va en Allemagne pour son commerce. LL. AA. EE. voudront peut-être le voir : je vous supplie de lui rendre tous les services qui dépendront de vous. Il vous dira le triste état où il m'a vu. Si je n'étais pas toujours dans mon lit, je serais assurément à Schwetzingen aux pieds de monseigneur l'Électeur. Mylord Abington a dû lui rendre compte de mes souffrances et de mes regrets.

Mademoiselle Clairon est chez moi ; elle joue sur mon théâtre que j'ai rebâti pour elle ; mais à peine puis-je me traîner pour l'aller entendre, et à peine mes yeux peuvent-ils la voir. Parlez-moi des plaisirs de votre cour pour me consoler. Je vous embrasse bien tendrement.

V.

Ferney, 4 octobre 1765.

Nouvelle preuve de cette bonté bienfaisante qui animait Voltaire lorsqu'il trouvait à secourir des malheureux ou des opprimés. L'estampe des Calas était au profit de cette famille.

Mon cher ami, je suppose toujours que mylord Abington, qui a eu le bonheur d'aller faire sa cour à LL. AA. EE., leur a rendu compte du triste état où il m'a vu. Ce n'est pas seulement la vieillesse qui m'accable, car il y a des vieillards qui ont encore de la force; mais je languis sous une complication de maladies qui ne me laissent aucun repos ni jour ni nuit et qui me mènent au tombeau par un chemin fort vilain : ma seule consolation est de dicter quelquefois des fadaises et de m'armer d'une philosophie inaltérable contre les maux qui me persécutent.

Je ne sais si S. A. E. a été informée qu'on fait à Paris une très-belle estampe de la famille des Calas. On a fait une espèce de souscription pour cette estampe; elle est prête. Je ne doute pas que monseigneur l'Électeur n'ait à Paris un ministre qui pourra souscrire en son nom et lui faire parvenir le nombre d'estampes qu'il commandera ; elle vaut un écu de six livres. Je n'ose prendre la liberté d'écrire à Monseigneur. Je ne me sens pas, dans l'état où je suis, assez d'esprit pour l'amuser, et je suis trop respectueusement attaché à sa personne pour l'ennuyer. Je vous prie instamment de me dire s'il prendra de ces estampes, et surtout de lui présenter les hommages du plus dévoué et du plus fidèle serviteur qu'il aura jamais.

V.

Ferney, 28 mai 1766.

L'Électeur venait de me nommer directeur de son cabinet d'histoire naturelle.

Voici le tems, mon cher ami, où j'éprouve les regrets les plus vifs. Mon cœur me dit que je devrais être à Schwetzingen et aller voir, tantôt votre belle bibliothèque, tantôt votre cabinet d'histoire naturelle. Mais il y a deux ans que je ne sors plus de ma chambre, et c'est beaucoup que je sorte de mon lit. La fin de ma vie est douloureuse, ma consolation est dans les bontés de monseigneur l'Electeur, dont je me flatterai jusqu'au dernier moment.

Il y a long-tems que vous ne m'avez écrit. Votre bonheur est apparemment si uniforme que vous n'avez rien à m'en apprendre de nouveau. Votre cour est gaie et tranquille ; il n'en est pas de même à Genève. Votre auguste maître sait rendre ses sujets heureux, et les Genevois ne savent pas l'être. Il est plaisant qu'il faille trois puissances pour les accommoder au sujet d'une querelle d'auteur. Leurs tracasseries m'ont amusé d'abord, et ont fini par m'ennuyer (1). Adieu, mon ami, portez vous mieux que moi et aimez-moi.

V.

---

(1) Les cabinets de Versailles, de Berne et de Turin furent obligés d'intervenir dans cette querelle qui dura dix ans. Il s'agit d'abord à Genève de savoir si on irait ou si on n'irait pas à la comédie chez Voltaire. Après cela les Genevois voulurent le chasser, parce qu'il n'était pas protestant : l'évêque d'Annecy voulut en faire autant, parce qu'il n'avait pas communié avec assez de ferveur. L'Emile parut ensuite et fit une révolution en 1770; on se fusilla dans les rues.

Ferney, 22 octobre 1766.

Mon cher ami, vous savez que la renommée a cent bouches, et que, pour une qui dit vrai, il y en a quatre-vingt-dix-neuf qui mentent. Il y a plus de deux ans que je ne suis sorti de la maison; à peine ai-je pu aller dans le jardin cinq ou six fois. Vous voyez que je n'étais pas trop en état de voyager. Si j'avais pu me traîner quelque part, c'aurait été assurément aux pieds de votre adorable maître, et je vous jure encore que si j'ai jamais un mois de santé, vous me verrez à Schwetzingen; mes soixante et treize ans ne m'en empêcheront pas; les passions donnent des forces.

Voici ce qui a donné lieu au bruit ridicule qui a couru. Le roi de Prusse m'avait envoyé cent écus pour ces malheureux Sirven, condamnés comme les Calas, et qui vont enfin être justifiés comme eux. Le roi de Prusse me manda même qu'il leur offrait un asile dans ses états. Je lui écrivis que je voudrais pouvoir aller les lui présenter moi-même; il montra ma lettre. Ceux à qui il la montra mandèrent à Paris que j'allais bientôt en Prusse ; on broda sur ce canevas plus d'une histoire. Dieu merci, il n'y a point de mois où l'on ne fasse quelque conte de cette espèce (1). Un polisson vient d'imprimer quelques-unes de mes lettres en Hollande. Je suis accoutumé depuis long-tems à ces petits *agrémens* attachés à une malheureuse célébrité. Ces lettres ont été falsifiées d'une manière indigne; il faut souffrir tout cela, et j'en rirais de bon cœur si je me portais bien.

Mettez-moi aux pieds de leurs Altesses électorales, mon cher ami, présentez-leur mon profond respect et mon attachement inviolable.

---

(1) On a dit du vivant de Voltaire, et imprimé après sa mort, qu'à l'époque où la marquise de Pompadour donna dans la dévotion, cette favorite lui fit proposer le chapeau de cardinal s'il voulait traduire les pseaumes en vers, et employer tous ses talens en faveur de la religion.

Ferney

Ferney, 20 février 1767.

Vers la fin de l'année 1766 il me fut permis de faire un voyage en Hollande et à Paris. Voltaire répond ici à la lettre par laquelle je lui avais donné avis de mon départ.

Etes-vous actuellement à Paris, mon cher ami? Je vous écris à l'adresse que vous m'avez donnée. J'ignore l'objet de vos voyages; mais, quel qu'il soit, je vous en félicite, puisque vous ne les avez entrepris sans doute que pour le service de votre aimable souverain. Le rude hiver que nous avons essuyé a achevé de ruiner mon faible tempérament; j'éprouve tous les maux de la décrépitude; consolez-moi par le récit de vos plaisirs, et par les assurances de votre amitié.

Les tracasseries de Genève ont fait un peu de tort au petit pays que j'habite; elles ne nous ôteront pas le bel aspect dont nous commençons à jouir. Si notre climat est cruel l'hiver, il est charmant dans les autres saisons.

La jouissance de la campagne et de la liberté est le plaisir de la vieillesse. L'idée d'être toujours aimé de vous, redouble ce plaisir et adoucit tous mes maux.

V.

Ferney, 7 juillet 1767.

Voltaire formait d'excellens acteurs, mais n'était pas fait pour l'être lui-même. Il portait dans sa déclamation tout l'enthousiasme poétique, et cet enthousiasme souvent paralysait ses moyens. Je le vis jouer à Berlin le rôle de Cicéron, dans *Catilina ou Rome sauvée*, avec des princes. Aux reproches que Catilina fait au consul dans ces deux vers :

« Vous abusez beaucoup, magistrat d'une année,
» De votre autorité passagère et bornée.

Le consul lui répond :

» Si j'en avais usé, vous seriez dans les fers,
» Vous l'éternel appui des citoyens pervers.

Voltaire commença cette réponse avec tant de véhémence que la voix lui manqua, et qu'il ne fut plus possible d'entendre cette belle tirade qui est de plus de trente vers.

IL est vrai, mon cher ami, que j'ai eu la faiblesse de jouer un rôle de vieillard dans la tragédie des Scythes (1), mais je l'ai telle-

---

(1) Fréron annonça ainsi cette pièce : « Je viens » d'apprendre que M. de Voltaire avait envoyé aux

ment joué d'après nature, que je n'ai pu l'achever. J'ai été obligé d'en sauter près de la moitié, et encore ai-je été malade de l'effort. Vous savez que j'ai soixante et quatorze ans, et que ma constitution est faible. Il y a aujourd'hui quatre années révolues que je ne suis sorti de l'hermitage que j'ai bâti. Mon cœur est à Schwetzingen, mais mon corps n'attend qu'un petit tombeau fort modeste, que je me suis élevé auprès d'une petite église de ma façon (1). Hélas ! comment oserai-je me présenter devant leurs Altesses électorales, ayant presque perdu la vue et

---

» comédiens une tragédie nouvelle de sa façon,
» intitulée *les Scythes*, en leur marquant qu'il
» n'avait mis que douze jours à la faire; on m'a
» dit en même tems que les comédiens la lui avaient
» très-humblement renvoyée, en le priant de mettre
» douze mois à la corriger. »

Invention d'un journaliste qui a quelquefois besoin d'égayer ses lecteurs. La nouveauté du spectacle intéressa le public, on écouta attentivement. Il est vrai que cette tragédie n'excita pas le même enthousiasme que Mérope.

(1) C'était un édifice fort simple; sur le frontispice on lisait : *Deo erexit Voltaire*. Tout auprès était

n'entendant que très-difficilement. Il faut savoir subir sa destinée. Nous avons à Ferney d'excellens acteurs, leurs talens me consolent quelquefois dans ma décrépitude ; le climat est dur, mais la situation est charmante ; j'achève doucement ma vie entre une nièce et mademoiselle Corneille que j'ai mariée, et quelques amis qui viennent partager ma retraite. Mais rien ne me dédommage de Schwetzingen. Je me ferai un plaisir bien vif de vous voir à Mannheim, dans le sein de votre famille. J'embrasse de loin votre femme et vos enfans. Je m'intéresserai à votre bonheur jusqu'au dernier moment de ma vie.

Mettez-moi, je vous prie, aux pieds de leurs Altesses. Plaignez-moi, et que votre amitié soit ma consolation.

---

son tombeau en pierres de taille, qu'il avait fait faire lui-même. En bâtissant la nouvelle église il fit abattre l'ancienne sans se conformer aux formalités canoniques. L'évêque d'Annecy s'en plaignit amèrement. Un autre grief fut un sermon ou plutôt un discours que Voltaire fit à ses vassaux sur le vol, et dans lequel il tança vivement un ouvrier qui s'était rendu coupable d'une infraction aux lois de la probité.

Ferney, 28 septembre 1767.

Je venais de faire imprimer une Dissertation historique et critique sur le prétendu cartel envoyé par Charles Louis, électeur palatin, au vicomte de Turenne, et j'en avais donné avis à Voltaire.

Mon cher ami, votre dissertation sur le cartel, offert par l'Electeur palatin au vicomte de Turenne, m'arrivera fort à propos. On a déjà entamé une nouvelle édition du siècle de Louis XIV. Je profiterai de votre pirrhonisme, pour peu que je le trouve fondé, car vous savez que je l'aime et que je me défie des anecdotes répétées par mille historiens. Il est vrai que vous êtes obligé d'avoir prodigieusement raison, car vous avez contre vous l'histoire de Turenne par Ramzai, le président Hénaut, et tous les mémoires du tems.

Ayez la bonté de m'envoyer sur-le-champ votre ouvrage. Voici comme on peut s'y prendre. Vous n'auriez qu'à l'envoyer à Lyon tout ouvert, à M. Tabareau, directeur des postes, avec un petit mot de lettre. Vous auriez la bonté de lui écrire que sachant qu'il lit beaucoup, et qu'il se forme une bibliothèque, vous lui envoyez votre ouvrage comme à un bon juge et à mon ami. Que vous le priez de me le prêter après l'avoir lu, en attendant que je puisse en avoir un exemplaire à ma disposition.

Voilà, mon cher ami, les expédiens auxquels les impôts horribles mis sur les lettres me forcent d'avoir recours. Si, pour plus de sûreté, pendant que vous enverrez ce paquet par la poste à M. Tabareau, à Lyon, vous voulez m'en envoyer un autre, par les chariots qui vont à Schaffausen et dans le reste de la Suisse, il n'y a qu'à adresser ce paquet à mon nom à Genève, je vous serai très-obligé. Comptez que j'ai la plus grande impatience de lire votre dissertation. Mettez-moi aux pieds de LL. AA. EE. Si je pouvais me tenir sur les miens, je serais allé à Schwetzingen, tout vieux et tout malade que je suis; mais il y a trois ans que je ne suis sorti de chez moi (1).

---

(1) On a reproché à Voltaire de s'être dit malade dans toutes ses lettres, tandis qu'il jouissait de la

Madame Denis ne cesse de donner des fêtes, et moi je reste dans mon lit : je dicte, ne pouvant écrire ; mais ce que je dicte de plus vrai, c'est que je vous aime de tout mon cœur.

---

meilleure santé : cela s'est dit et écrit un an même avant sa mort. Comment a-t-on pu accuser d'imposture à cet égard, un homme dont on désespéra au moment de sa naissance, à qui l'étude et les veilles avaient donné des infirmités bien avant l'âge où on les connaît ordinairement ; qui, doué de la plus grande activité, était contraint fort souvent de garder le lit au milieu des plus cruelles douleurs. Les envieux sont comme les vers qui s'attachent à l'arbre quand ils en ont dévoré les fruits.

A Ferney, le 21 octobre 1767.

J'ai lu, mon cher ami, avec un très-grand plaisir, votre dissertation sur la mauvaise humeur où était si justement l'Electeur palatin, Charles-Louis, contre le vicomte de Turenne. Vous pensez avec autant de sagacité que vous vous exprimez dans notre langue avec pureté. Je reconnais là *il genio Fiorentino*. Je ferai usage de vos conjectures dans la nouvelle édition du siècle de Louis XIV, qui est sous presse, et je serai flatté de vous rendre la justice que vous méritez (*k*). Voici, en attendant, tout ce que je sais de cette aventure et les idées qu'elle me rappelle.

J'ai eu l'honneur de voir très-souvent, dans ma jeunesse, le cardinal d'Auvergne, et le chevalier de Bouillon, neveu du vicomte de Turenne. Ni eux, ni le prince de Vendôme ne doutaient du cartel; c'était une opinion généralement établie. Il est vrai que tous les anciens officiers, ainsi que les gens de lettres avaient un très-grand mépris pour le prétendu Dubuisson, auteur de la mauvaise histoire de Turenne. Ce romancier Sandras de Courtils, caché sous le nom de Dubuisson, qui mêlait toujours la fiction à la vérité pour mieux vendre ses livres, pourrait fort bien avoir forgé la lettre de l'Electeur, sans que le fond de l'aventure en fût moins vrai. Le témoignage du marquis de Beauveau, si instruit des affaires de son tems, est d'un très-grand poids. La faiblesse qu'il avait de croire aux sorciers et aux revenans, faiblesse si commune en ce tems-là, surtout en Lorraine, ne me paraît pas une raison pour le convaincre de faux sur ce qu'il dit des vivans qu'il avait connus.

Le défi proposé par l'Electeur, ne me semble pas du tout incompatible avec sa situation et son caractère. Il était indignement opprimé ; et un homme qui, en 1655, avait jeté un encrier à la tête d'un plénipotentiaire, pouvait fort bien envoyer un défi, en 1674, à un général d'armée qui brûlait son pays sans aucune raison plausible. Le président Hénaut peut avoir tort de dire, « que M. de Turenne répondit avec une » modération qui fit honte à l'auteur de cette » bravade ». Ce n'était point à mon sens une bravade, c'était une très-juste indignation d'un prince sensible et cruellement offensé.

On touchait au tems où ces duels entre des princes avaient été fort communs. Le duc de Beaufort, général des armées de la Fronde, avait tué en duel le duc de Nemours. Le fils du duc de Guise avait voulu se battre en duel avec le grand Condé. Vous verrez dans les lettres de Pélisson que Louis XIV lui-même demanda s'il lui serait permis en conscience de se battre contre l'empereur Léopold.

Je ne serais point étonné que l'Electeur, tout tolérant qu'il était (ainsi que tout prince éclairé doit l'être), ait reproché dans sa colère au maréchal de Turenne son changement de religion; changement dont il ne s'était avisé peut-être que dans l'espérance d'obtenir l'épée de connétable qu'il n'eut point. Un prince tolérant et même très-indifférent sur les opinions qui partagent les sectes chrétiennes, peut fort bien, quand il est en colère, faire rougir un ambitieux qu'il soupçonne de s'être fait catholique romain par politique, à l'âge de cinquante-cinq ans. Car il est probable qu'un homme de cet âge, occupé des intrigues de cour et, qui pis est, des intrigues de l'amour, et des cruautés de la guerre, n'embrasse pas une secte nouvelle par conviction. Il avait changé deux fois de parti dans les guerres civiles, il n'est pas étrange qu'il ait changé de religion.

Je ne serais point encore surpris de plusieurs ravages faits en différens tems dans le Palatinat, par M. de Turenne. Il faisait volontiers subsister ses troupes aux dépens des amis comme des ennemis. Il est très-vraisemblable qu'il avait un peu maltraité ce beau pays, même en 1644, lorsque le roi de France étoit allié de l'électeur et que l'armée de France marchait contre la Bavière. Turenne laissa toujours à ses soldats une grande licence. Vous verrez dans les mémoires du marquis de Lafare que, vers le tems même du cartel, il avait très-peu épargné la Lorraine, et qu'il avait laissé le pays Messin même au pillage. L'intendant avait beau lui porter ses plaintes, il répondait froidement: *Je le ferai dire à l'ordre.*

Je pense comme vous que la teneur des lettres de l'Electeur et du maréchal de Turenne est supposée. Les historiens malheureusement ne se font pas un scrupule de faire parler leurs héros. Je n'approuve point dans Tite-Live, ce que j'aime dans Homère. Je soupçonne la lettre de Ramzai d'être aussi apocryphe que celle du gascon Sandras. Ramzai l'écossais était encore plus gascon que lui. Je me souviens qu'il donna au petit Louis Racine, fils du grand Racine, une lettre au nom de Pope, dans laquelle Pope se justifiait des petites libertés qu'il avait prises dans son essai sur l'homme. Ramzai avait pris beaucoup de peine à écrire cette lettre en français ; elle était assez éloquente ; mais vous remarquerez, s'il vous plaît, que Pope savait à peine le français et qu'il n'avait jamais écrit une ligne en cette langue. C'est une vérité dont j'ai été témoin et qui est sue de tous les gens de lettres d'Angleterre. Voilà ce qui s'appelle un gros mensonge imprimé. Il y a même dans cette fiction je ne sais quoi de faussaire qui me fait de la peine.

Ne soyez point surpris que M. de Chenevières n'ait pu trouver dans le dépôt de la guerre, ni le cartel, ni la lettre du maréchal de Turenne ; c'était une lettre particulière de M. de Turenne au roi, et non au marquis de Louvois. Par la même raison, elle ne doit point se trouver dans les archives de Mannheim. Il est très-vraisemblable que l'on ne garda pas plus de copie de ces lettres d'animosité, que l'on n'en garde de celles d'amour.

Quoi qu'il en soit, si l'Electeur palatin envoya un cartel par le trompette Petit Jean, mon avis est qu'il fit bien, et qu'il n'y a à cela nul ridicule. S'il y en avait eu, si cette bravade avait été honteuse, comme le dit le président Hénaut, comment l'Electeur, qui voyait ce fait public dans toute l'Europe, ne l'aurait-il pas hautement démenti? Comment aucun homme de sa cour ne se serait-il élevé contre cette imposture?

Pour moi, je ne dirais pas, comme ce maraud de *Frelon* dans l'écossaise, *j'en jurerais, mais je ne le parierais pas*. Je vous dirai, je ne le jure ni ne le parie. Ce que je jurerais bien, c'est que les deux incendies du Palatinat sont abominables. Je vous jure encore que si je pouvais me transporter, si je ne gardais pas la chambre depuis près de trois ans, et le lit depuis deux mois, je viendrais faire ma cour à leurs Altesses sérénissimes auxquelles je serai bien respectueusement attaché jusqu'au dernier moment de ma vie. Comptez de même sur l'estime et l'amitié que je vous ai vouées. »

V.

A propos d'incendies, il y a des gens qui

prétendent qu'on mettra le feu à Genève cet hiver; je n'en crois rien du tout. Mais si on veut brûler Ferney et Tourney, le régiment de Conti et la légion de Flandres (1), qui sont occupés à peupler mes pauvres villages, prendront gaîment ma défense.

---

(1) On fut obligé d'envoyer ces deux régimens pour contenir ceux qui soufflaient la discorde à Genève, et pour appaiser une guerre civile dont le prétexte était en apparence les droits de la république. Ferney s'enrichit par la suite des opprimés à qui Voltaire donna un asile.

Je n'ai jugé aucune de mes lettres dignes d'être imprimées avec celles de Voltaire, et je n'ai point voulu établir, entre son style et le mien, un parallèle qui, bien certainement, me serait désavantageux. Je fais cependant exception en faveur de la suivante par laquelle je répondis à celle que l'on vient de lire. J'y combats toutes les raisons alléguées par Voltaire, et par lesquelles il a voulu établir la possibilité du cartel. C'est sous ce rapport seul que ma réponse peut n'être pas dépourvue d'intérêt.

Mannheim, 29 octobre 1767.

Monseigneur l'Electeur a lu avec avidité, monsieur, la lettre que vous venez de m'écrire. Il regrette de ne pouvoir pas vous voir à Mannheim, et vous ne lui donnez seulement pas l'espoir de vous posséder un jour. Je vous remercie des réflexions que vous avez bien voulu faire sur mon petit ouvrage. Voici quelques-unes de mes remarques.

Comme vous êtes né en 1694, le cardinal d'Auvergne et le chevalier de Bouillon n'ont pu vous parler du cartel de l'Electeur palatin

que

que dans un tems où ce fait était déja imprimé dans une foule d'ouvrages ; à moins qu'ils ne vous aient montré quelque écrit particulier que nous ne connaissons point. Je ne vois pas ce qui pourrait empêcher de penser qu'ils n'ont connu cette anecdote que par ces ouvrages, qu'elle a pu les flatter, et qu'ils pouvaient être charmés de l'adopter. Lorsque j'ai fait des recherches dans les archives de Mannheim, et que j'ai souhaité qu'on en fît au dépôt de la guerre en France, ce n'était pas uniquement pour trouver le défi et la réponse de Turenne, lettres d'animosité dont je veux croire qu'on n'ait pas gardé de copie, mais je cherchais quelques traces de ce fait ; et il est étonnant que parmi ce fratras de papiers et de correspondances, qui contient souvent des choses plus inutiles que ce cartel, on n'en trouve pas le moindre vestige. Dites-moi, je vous prie, par quelle fatalité, depuis l'époque du cartel, jusqu'à la publication du livre du romancier Courtils, c'est-à-dire, depuis 1674 jusqu'à 1685, on ne trouve ni papiers, ni nouvelles qui fassent mention de cette anecdote, et pourquoi après la publication du même livre, voit-on ce bruit répandu dans l'Europe ? Vous voudriez le faire regarder comme assez indifférent, pour qu'on ne se donnât pas plus de peine pour en conserver le souvenir, qu'on ne s'en donne *pour copier des lettres d'amour ;* cependant tous les auteurs, même les plus respectables, qui ont parlé après Gatien de Courtils, ont eu intention de nous le transmettre, comme un fait intéressant et curieux. Ne le citez-vous pas ?

Louis XIV a pu fort bien demander s'il ne pourrait pas en conscience se battre avec l'Empereur Léopold ? Mais Louis XIV, s'avisa-t-il jamais d'envoyer des défis au prince Eugène et à Malboroug.

Je n'ai point dit qu'il ne faut pas ajouter foi au marquis de Beauveau, parce qu'il croyait aux revenans et aux visions, mais j'ai bien dit que du tems du prétendu cartel, il était à quatre-vingts lieues de Mannheim ; qu'il était attaché à la maison de Bavière, l'ennemie jurée de la Palatine, et qu'il écrivait alors son ouvrage, comme il le déclare lui-même, sur la foi d'autrui ; raison bien plus plausible que la seule dont vous me rendez responsable, et que je n'avais alléguée que parce que ces auteurs à visions sont sujets quelquefois à être visionnaires.

Vous vous étonnez de ce que Charles Louis, qui voyait ce fait publié dans toute l'Europe, ne l'ait pas hautement démenti; et vous en concluez que le fait était vrai. Vous admettez ici gratuitement ce qui fait justement le nœud de toute la difficulté; qui est-ce qui vous a dit que Charles Louis ait vu ce fait publié dans toute l'Europe? C'est un point fort embarrassant qui vous reste à prouver, un point que je nie hautement, et sur lequel roule toute ma dissertation. Le silence de Charles Louis, de ses courtisans, de tous les historiens et de tous les écrivains du tems, démontre la fausseté du fait. Pour que vous puissiez donc prouver qu'il était public dans toute l'Europe, du tems de l'Electeur, il faut produire des pièces justificatives, citer les ouvrages et les historiens contemporains qui en ont parlé, et faire voir que j'ai eu tort de regarder Gatien de Courtils comme le premier auteur de cette fable en 1685, dix ans après la mort de Turenne, et cinq ans après celle de Charles Louis. J'ai tâché de faire voir dans mon ouvrage comment s'est répandue cette fable après Gatien; comment d'un auteur elle a passé à l'autre; et en admettant que Charles Louis ait eu connaissance de ce fait, vous renversez, sans aucune preuve, mon système.

Vous ajoutez : Comment aucun homme de sa cour ne se serait-il élevé contre cette imposture ? Selon moi, aucun homme de sa cour ne put s'élever contre cette imposture qu'après l'année 1685; et je trouve en effet que huit ans après cette date, un homme de sa cour fit connaître la fausseté de cette anecdote. Pourquoi si tard, direz-vous ? On n'en sera pas surpris, si on veut observer dans quelles circonstances parut l'ouvrage de Gatien de Courtils.

Au commencement de l'année 1685, la branche réformée de Charles Louis vint s'éteindre en son fils, et fit place à la catholique de Neubourg. C'est immédiatement après cet événement que le livre de Gatien devint public. On voyait alors à Heydelberg une cour entièrement nouvelle, agitée par d'autres vues, et par de nouveaux intérêts, animée d'un autre esprit de religion, et qui eut tout à coup à redouter les prétentions de la maison d'Orléans sur la succession de Simmeren. Pensez-vous qu'au milieu de ce changement, et de la crainte d'une guerre prochaine, les anciens courtisans de feu Charles Louis fussent fort curieux de nouveautés de littérature française? Et exigeriez-vous que le livre de Gatien leur dût être connu immédiatement après la publication, afin qu'ils pussent le réfuter? Reiger, secrétaire de cet Electeur, enveloppé dans cette catastrophe, et réfugié en Suisse, n'apprit même que vers l'an 1692, le bruit que faisait en France l'anecdote de ce cartel. Cet animé serviteur de Charles Louis, auquel on ne saurait attribuer des vues de flatterie, publia, en 1693, que ce fait était entièrement faux. Vous voyez donc qu'il y a eu quelqu'un de la cour de Charles Louis qui s'est élevé contre cette imposture aussitôt qu'il a pu en avoir connaissance. Le témoignage de cet homme me paraît d'un grand poids. Croira-t-on plutôt M. de Beauveau, qui s'était éloigné de Mannheim, que Reiger qui ne quittait pas Charles Louis, qui était son confident, qui écrivait toutes ses lettres, et qui était auprès de son maître, dans le tems de ce prétendu défi?

Lorsqu'on jette un encrier à la tête de quelqu'un qui vous dit des injures, c'est un mouvement de colère dont on n'est pas le maître, et on a le plaisir de se voir vengé avant que d'y avoir pensé. Mais un cartel, il faut l'écrire, il faut chercher les expressions ; cela demande du tems ; on réfléchit ; on pense que le général avec lequel on veut se battre n'est peut-être pas si coupable ; qu'il agit par des ordres ; que quand on l'aura tué, les villages n'en seront pas moins brûlés ; qu'en cas qu'on soit tué, les sujets n'en seront que plus à plaindre ; on commence à entrevoir l'inutilité de la bravade, et le mauvais choix qu'on a fait du moyen de témoigner sa très-juste indignation, par un défi que l'on prévoit aisément ne devoir pas être accepté ; en attendant l'ardeur se calme, l'envie de se battre diminue, la raison vient, on finit par déchirer la lettre. Aura-t-on raison de conclure que si quelqu'un a commis la première de ces actions, on doit le supposer capable de la seconde.

Voilà les remarques que j'ai voulu soumettre à vos lumières. Je voudrais que vous les trouvassiez fondées, etc.

COLLINI.

A Ferney, le 11 novembre 1767.

Mon cher ami, oublierez-vous toujours que j'ai soixante et quatorze ans, que je ne sors presque plus de ma chambre; il s'en faut peu que je ne sois entièrement sourd et mort. Vous m'écrivez comme si j'avais votre jeunesse et votre santé. Soyez très-sûr que si je les avais, je serais à Mannheim ou à Schwetzingen.

Il y aura toujours un peu de nuage sur la lettre *amère* de l'Electeur au maréchal de Turenne. Ce fait, entre nous, n'est pas trop intéressant, puisqu'il n'a rien produit. C'est un pays en cendres, qui est intéressant. Il importe peu au genre humain que Charles Louis ait défié Maurice de la Tour, mais il importe qu'on ne fasse pas une guerre de barbares.

Gatien de Courtils, caché sous le nom de Dubuisson, avait déjà été convaincu de mensonges imprimés par l'illustre Bayle, avant que le marquis de Beauveau eût écrit. Il est donc très-vraisemblable que le marquis de

Beauveau n'eût point parlé du cartel, s'il n'avait eu que Gatien de Courtils pour garant. Bayle, qui reproche tant d'erreurs à ce Courtils Dubuisson, ne lui reproche rien sur le cartel. Il faut donc douter, mon cher ami, *de las cosas mas seguras, la mas segura e dudar* (1). Mais ne doutez jamais de mon estime et de ma tendre amitié pour vous. Madame Denis vous en dit autant.

---

(1) Des choses les plus sûres, la plus sûre est de douter.

A Ferney, 29 mai 1768.

L'Électeur avait fait placer, sur une commode, dans son cabinet, le buste de Voltaire en porcelaine (1).

ENFIN, mon cher ami, si leurs Altesses Électorales le permettent, ce ne sera plus mon seul petit buste qui leur fera sa cour, ce sera moi-même, ou plutôt l'ombre de moi-même qui viendra se mettre à leurs pieds et vous embrasser de tout son cœur. Je serai libre au mois de juillet; je ne serai

---

(1) En 1774, le roi de Prusse fit faire, dans ses belles manufactures de porcelaine, le buste de Voltaire et le lui envoya avec cette inscription : « *Viro* » *immortali*. ». Le philosophe écrivit au souverain : « Sire, c'est une terre que vous me donnez dans vos » domaines ».

Des voyageurs admiraient ce buste et lisaient l'inscription :

« C'est là, dit Voltaire, la signature de celui qui » l'envoie ».

Parmi ses poésies sont les stances qu'il adressa à Frédéric pour le remercier.

plus le correcteur d'imprimerie des Cramer. J'ai rempli cette noble fonction quatorze ans avec honneur. Le *Scribendi cacohetes*, qui est une maladie funeste, m'a consumé assez. Je veux avant de mourir remplir mon devoir et jouir de quelque consolation; celle de revoir Schwetzingen est ma passion dominante; je ne peux y aller que dans une saison brûlante, car telle est ma déplorable santé; qu'il faut que je fasse du feu dix mois de l'année. Franchement je ne suis pas fait pour la cour de monseigneur l'Electeur; il ne se chauffe jamais, il a toute la vigueur de la jeunesse : il dîne et soupe. Je suis mort au monde; mais la reconnaissance et l'attachement pourront me ranimer. En un mot, mort ou vif, je vous embrasserai, mon cher ami, à la fin de juillet. Je suis bien vieux, mais mon cœur est encore tout neuf.

A Ferney, 28 novembre 1768.

Voltaire m'envoya le siècle de Louis XIV, nouvelle édition en 4 vol. in-8°., de l'année 1768. Au commencement du second volume, il fait mention, dans une note, de mon ouvrage sur le cartel.

C'est votre ami qui n'est pas encore mort, qui écrit à son cher ami par la main de son secrétaire. J'ai envoyé deux exemplaires de la nouvelle édition du siècle de Louis XIV à S. A. E. et à vous. Vous trouverez que je fais mention de vous à l'article du cartel. Mon nom sera désormais confondu avec le vôtre; ce sera pour moi, mon cher ami, une vraie consolation. Je vous embrasse du meilleur de mon cœur.

V.

A Ferney, le 29 mars 1769.

George-Christophe Waechter était graveur de l'Électeur : il dessina à Ferney la tête de Voltaire d'après nature et en fit une médaille en bronze, en 1770. Cette médaille est une des meilleures que l'on ait faites de Voltaire.

Je vous adresse, mon cher ami, un Palatin qui est venu graver ma vieille et triste figure, dédiée à S. A. E. Je crois que c'est un des meilleurs artistes que Monseigneur ait dans ses états. Savez-vous bien que je vous écris à mon dixième accès de fièvre. Je suis tout étonné d'être en vie ; mais tant que j'y serai, soyez sûr que vous aurez en moi un bien véritable ami.

Nous avons ici un printems qui ressemble au plus cruel hiver. Je crois que le climat de Florence vaut mieux que celui des Alpes et du Rhin. Les archiducs et les cadets de la maison de Bourbon règnent sur des climats chauds ; ils sont bien heureux. Je n'ai jamais eu le courage d'exécuter ce que j'avais toujours projeté, de me retirer dans un coin de l'Italie; je n'ai jamais vécu que dans des climats qui n'étaient pas faits pour moi. Je vous félicite d'avoir une santé qui vous fait prendre les bords du Rhin, pour ceux de l'Arno.

Adieu, mon cher ami, je vous embrasse bien tendrement.

A Ferney, 25 octobre 1769.

La légende de la première médaille de Voltaire, faite par le graveur Waechter, était ce vers de la Henriade :

Il ôte aux nations le bandeau de l'erreur.

C'ÉTAIT un Allemand de beaucoup d'esprit qui avait fourni, mon cher ami, la première légende. J'ai écrit au graveur pour qu'il m'envoyât environ une trentaine de ces médailles avec cette légende même, et je lui en ai demandé je crois une douzaine d'autres, de la nouvelle fabrique, qui ont pour devise : *Orpheus alter*; comme il ne m'appartient, ni *d'éclairer les nations*, ni d'être un *second Orphée*, je ne me mêle point de tout cela, et je dois l'ignorer. Je ne puis qu'acheter les médailles du graveur; je les ai demandées en bronze; c'est tout ce que je puis faire. Vous me ferez plaisir, mon cher ami, de le presser. Je suis étonné d'être en vie après la maladie de langueur que j'ai essuyée. Une de mes plus grandes consolations est la bonté dont son Altesse électorale daigne m'honorer, et votre amitié, sur laquelle je compte jusqu'à mon dernier moment. V.

A Ferney, le 22 janvier 1770.

La médaille de monseigneur l'Electeur est parfaite, mon cher ami, c'est un chef-d'œuvre. Votre médailliste est bien bon de travailler pour la face blême d'un cadavre, après avoir gravé un si beau visage. Vous ne m'aviez pas mandé que vous avez quatre filles. Que ne puis-je un jour servir à les marier toutes quatre ! Il y a un mois que nous savons l'aventure portugalienne (1), mais ce n'est rien que cela. Mettez-moi aux pieds de monseigneur l'Electeur. Je vous embrasse de tout mon cœur.

V.

---

(1) Voltaire veut parler ici d'un tremblement de terre qui causa de grands ravages dans le Portugal. Il y en eut un à la même époque à Saint-Domingue et dans quelques-unes des Antilles.

A Ferney, 20 février 1770.

Dans plusieurs de ses lettres, Voltaire semblait m'indiquer qu'il voulait me donner une place dans son testament. Il dit dans cette lettre : « *Je ne sortirai de mon lit que pour entrer dans le cercueil ; mais vous verrez que je ne vous ai pas oublié.* Il me marque ailleurs : *Je profite des momens de relâche que mes maux me donnent pour vous dire que je ne veux point quitter cette vie sans vous donner quelques témoignages de ma tendre amitié pour vous.* Il s'exprime ainsi dans une autre lettre : *J'écris rarement, mais quand j'écris mes dernières volontés, je pense à vous* ». Il est mort sans avoir fait les dispositions qu'il projetait. Je ne regrette pas les dons qu'il se proposait de me faire : l'intention qu'il en a manifestée m'est un gage assez précieux de son attachement et de son amitié.

En me proposant, mon cher ami, le voyage dont vous me parlez, vous oubliez que j'ai soixante et seize ans, et que je ne sortirai de mon lit que pour aller *nella bara* ; mais vous verrez que je ne vous ai pas oublié. Vous pouvez dire à Waechter, que non-seulement
je

je lui acheterai des médailles, mais que je lui en ferai vendre. Le triste état de ma santé ne me permet pas de vous écrire un plus longue lettre. Je vous embrasse de tout mon cœur.

V.

A Ferney, 4 septembre 1772.

Mon cher ami, faites ce que vous voudrez du peu qui me reste de visage ; mais la première médaille de Waechter n'est pas faite pour servir de modèle : la seconde vaut un peu mieux, pourvu que le nez soit moins long et moins pointu. Je voudrais vous aller porter moi-même ma figure avec mon cœur ; mais j'attends doucement la fin de ma vie, sans pouvoir sortir de chez moi. Je suis aussi privé de l'espérance de faire ma cour à S. A. E. dans Schwetzingen, que d'aller complimenter l'Impératrice de Russie à Constantinople. Je conserverai toute ma vie les tendres sentimens que je vous ai voués.

Madame Denis est très-sensible à votre souvenir.

V.

A Ferney, 20 octobre 1770.

L'attachement et l'enthousiasme dont j'étais rempli pour mon illustre correspondant et mon ancien protecteur, me firent naître l'idée d'avoir son médaillon en plâtre, de grandeur naturelle. Je lui avais communiqué le projet avant l'exécution. Ceci explique le commencement de la lettre précédente. Je consultai un habile sculpteur de Mannheim, nommé Linck. Nous rassemblâmes tout ce que nous pouvions avoir de têtes de Voltaire en profil, et à l'aide de ma mémoire, nous parvînmes à exécuter cette tête qui avait le mérite de la ressemblance. J'envoyai aussitôt à Voltaire un de ces médaillons.

Je reçus, il y a quelques jours, mon cher ami, le grand médaillon, et je n'ai pu vous en remercier plutôt. J'ai vu le moment où il ne restait de moi que ces monumens (1), dont je suis très-indigne. Je profite des momens de relâche que mes maux me donnent,

---

(1) Voltaire n'aimait pas toutes ces estampes dans lesquelles on le gravait d'une manière ridicule. Il disait : est-ce la peine de me peindre pour me faire

pour vous dire que je ne veux point quitter cette vie, sans vous donner quelque petit témoignage de ma tendre amitié pour vous.

---

si laid? On grava en 1776 une estampe intitulée: *Le déjeuner de Ferney*. M. de la Borde, auteur de cette gravure, y était représenté devant une table, avec tout son embonpoint et brillant de santé, tandis que Voltaire paraissait, dans son lit, maigre comme un squelette. Il s'écria, en voyant cette caricature: « C'est le lazare au dîner du mauvais riche! »

A Ferney, 13 février 1770.

Je vous prie, mon cher ami, de m'envoyer encore deux médaillons en plâtre, pareils à celui dont vous m'avez gratifié; mais je ne veux les avoir qu'en payant; et je vous supplie d'en faire le prix. Je vous demande en grace d'y faire travailler avec la plus grande célérité. Je vous embrasse de tout mon cœur.

A Ferney, 25 juillet 1770.

Mon cher ami, j'ai tort; je tombai malade il y a trois mois, quand j'allais vous écrire. Ma maladie fut un peu longue; je fis comme le cardinal Dubois; qui, ayant beaucoup de lettres à répondre, les brûla toutes et dit, me voilà au courant. Il y a des débiteurs qui n'osent pas paraître devant leurs créanciers; mais moi, je vous avoue ma dette et je vous la paie de tout mon cœur, en vous disant que je vous aimerai jusqu'au dernier moment de ma vie; ma santé n'est guère meilleure à présent. Je suis né faible et je suis bien vieux.

Adieu, mon cher ami; je vous souhaite tout le bonheur que vous méritez.

V.

(327)

On voit avec quelle cordialité m'écrivait Voltaire. On reconnaît aussi, par l'attention qu'il mettait à me répondre, par le ton toujours affectueux de ses lettres, qu'il n'avait point ces inégalités d'humeur, ces bizarreries de caractère qu'on lui a reprochées. J'ai placé dans ce recueil une de mes lettres; elle roule toute entière sur un débat purement littéraire, sur un point d'histoire, mais ne montre pas comment je répondais à la bienveillance de ce grand homme. Je vais satisfaire ceux qui pourraient en avoir le désir. Ma première lettre, par sa nature, est plutôt un article de littérature qu'une épître familière : j'en avais soigné la rédaction. Voltaire était peut-être le seul homme de son siècle à qui il fut accordé d'écrire avec cette facilité qui ne regarde jamais derrière soi, avec cet abandon qui ne nuit en rien à la vigueur et à la pureté du style. Celle-ci est, comme presque tout ce que je lui ai écrit, l'expression de mes sentimens pour sa personne et de mon admiration pour ses ouvrages.

Mannheim, 16 novembre 1770.

Mon cher protecteur, un de mes compatriotes s'est adressé à moi pour vous faire parvenir ses ouvrages, et pour vous supplier de vouloir bien les agréer. Vous y trouverez un ouvrage immortel; c'est la Henriade en vers italiens : bientôt il n'y aura plus de nations qui n'ait adopté ce chef-d'œuvre (*l*).

Vous nous avez donc totalement oubliés ? Mannheim ne vous intéresse plus, tandis que si je le pouvais, j'irais finir mes jours à Ferney. Comme tout change sur la terre ! les Jésuites qui paraissaient ne devoir finir qu'avec le monde, ne sont plus. Mais que m'importent les Jésuites ? vous aviez autrefois de la bienveillance pour moi, vous aimiez l'Électeur et son Palatinat, vous ne m'en parlez plus aujourd'hui. Ce qu'il y aura au moins de plus constant dans le monde, ce sera mon attachement, ma reconnaissance et le souvenir de tout ce que je vous dois. Quelles années précieuses que celles passées avec vous !

J'ai une femme et quatre enfans. Cela me fait une petite société, qui ne sera assurément pas aussi riche que celle de Jésus ; cependant Dieu m'est témoin que je n'ai jamais fait vœu de pauvreté.

Si votre santé, si vos occupations vous le permettent, écrivez un mot qui m'assure encore de votre amitié, ce mot sera très-consolant pour moi.

J'ai l'honneur d'être, etc.

C.

A Ferney, 8 décembre 1773.

JE vous adresse, mon cher ami, la lettre que je dois à celui qui m'a fait l'honneur de traduire la Henriade en italien. J'écris bien rarement, mais quand j'écris mes dernières volontés, je pense à vous.

A Ferney, 12 mars 1774.

Voltaire avait quelques capitaux placés à la cour palatine. M. Wreiden, dont il est ici question, était caissier général de la chambre électorale des finances.

J'AI recours à vous, mon cher ami, je vous prie de me tirer de peine. J'ai écrit deux fois depuis le commencement de février à M. Wreiden ; je lui ai envoyé les quittances d'un argent qu'il devait me payer et que je n'ai point reçu ; il ne me fait aucune réponse. Serait-il malade ? serait-il absent ? y aurait-il quelque changement ? Je vous prie de me mettre au fait. J'écris de ma main avec beaucoup de peine à mon âge de quatre-vingts ans. Ainsi je finis en vous embrassant.

Votre vieil ami. V.

A Ferney, 31 juillet 1775.

Le médecin du diable, dont parle Voltaire dans cette lettre, était Gassener, prêtre à Ellwanger. Je lui avais parlé de la scène scandaleuse que cet homme avait faite en Allemagne.

Je n'ai pu encore vous remercier, mon cher ami, de votre lettre du trente juin. Mes quatre-vingt-deux ans et toutes les misères qui en sont la suite me laissent rarement la force de faire tout ce que mon cœur me dicte.

J'ai été vivement touché de la maladie de S. A. E.; je prendrais la liberté de lui écrire s'il n'était pas trop tard. Ce n'est pas assez de faire son devoir, il faut le faire à tems.

Votre médecin du diable qui a exorcisé les malades d'Allemagne, ne me paraît guère plus charlatan que les autres médecins qui se vantent de connaître la nature et de la guérir. Il est triste que dans notre siècle il y ait encore des malades qui se croient possédés du diable. Mais la philosophie ne sera jamais faite pour le peuple : la canaille d'aujourd'hui ressemble en tout à la canaille qui végétait il y a quatre mille ans.

Je suis un peu accablé des soins que me donne ma colonie de Ferney qui s'est beaucoup augmentée (1); mais quelque chose qui m'arrive, soyez sûr que je ne vous oublierai jamais.

V.

---

(1) Voltaire fit une petite ville d'un chétif hameau : il donnait sans cesse de l'argent pour bâtir des maisons ; en un seul jour il en commanda dix : elles étaient données en rentes sur sa tête ou sur celle de madame Denis, à un intérêt très-modique. Ferney, qui, en 1758, n'était habité que par quarante-neuf personnes, contenait plus de douze cents habitans en 1778. Le commerce principal de la colonie était l'horlogerie. On s'intéressa à ses succès naissans ; de toutes parts on s'empressa d'avoir des montres de Ferney. L'Impératrice de Russie en fit ordonner pour plus de quarante mille livres.

A Ferney, 18 septembre 1775.

J'avais obtenu de l'Electeur la permission de faire un voyage à Florence, ma patrie. Je partis de Mannheim en octobre 1775, vingt-cinq ans après avoir quitté l'Italie.

Faites votre agréable voyage de Florence, mon cher ami; pour moi je me dispose toujours à faire celui de l'autre monde. Je suis bien fâché que Genève ne soit pas sur votre route, et plus fâché encore que ma détestable santé m'ait toujours empêché de vous aller voir à Mannheim, et d'y faire ma cour à S. A. E. J'aurais été enchanté de vous revoir dans le pays où vous êtes marié, de saluer votre femme et d'embrasser vos enfans. Vous savez combien je vous aime; une si longue absence m'est bien douloureuse. Ma destinée m'arrête dans une espèce de petite ville que j'ai bâtie au milieu des colons que j'ai rassemblés; mais mon cœur m'appelle vers vous.

V.

A Ferney, 26 janvier 1778.

Voici la dernière lettre que je reçus de Voltaire. Quelques jours après il partit pour Paris, où il arriva au commencement de février. Tout le monde connaît la réception qui lui fut faite dans cette capitale où il était né, et où il mourut le 30 mai 1778. Les gens éclairés le regrettèrent; l'envie et l'ignorance se réjouirent de sa mort; sa famille et ceux qui, comme moi, avaient connu son cœur et ses vertus, le pleurèrent sincèrement.

LE vieux malade, mon cher ami, n'a pas été en état de vous répondre au commencement de cet hiver. La nature a donné à mon ame un étui très-faible et très-mauvais qui ne peut guère soutenir, à l'âge de quatre-vingt-quatre ans, le voisinage des Alpes et les inondations de neige. Ma décrépitude est accablée de plus d'une manière; je n'en suis pas moins sensible à votre souvenir et à votre amitié.

Je vous fais mon compliment sur le bonheur que vous avez de servir un prince dont la tête est actuellement ornée de deux belles couronnes électorales (1).

La nouvelle de trente mille Autrichiens campés à Staubingen alarme nos pacifiques Suisses ; mais je ne puis m'imaginer que l'Empereur veuille, pour son coup d'essai, vous faire la guerre. On dit qu'il ne s'agit que d'un passage ; mais ne peut-on passer sans avoir trente mille hommes à sa suite ? Je ne suis pas politique, je me borne, mon cher ami, à vous souhaiter de la paix et du bonheur.

Le vieux malade. V.

---

(1) L'Electeur palatin venait d'hériter alors de l'électorat de Bavière.

A ma correspondance avec Voltaire, j'ajoute une lettre, de la main de cet homme célèbre, que le hasard me procura et qui était adressée à ce souverain dont il parle si souvent et auquel il donne tant d'éloges dans les lettres précédentes. Je la copiai et j'en remis ensuite l'original dans la bibliothèque électorale de Mannheim. Elle doit être de l'année 1759; j'étais alors à Strasbourg. Voltaire, dans la date de ses lettres, marquait rarement l'année; il ne signait son nom en toutes lettres que dans les circonstances où il ne pouvait s'en dispenser; la lettre initiale avec un point lui suffisait. La lettre suivante, quoiqu'adressée à un souverain n'a pas d'autre signature.

Au château de Ferney, par Genève, 9 février.

CE pauvre vieillard suisse, cet homme si trompé dans tous les événemens qui arrivent depuis quatre ans, ce solitaire si attaché à Votre Altesse Electorale, qui voudrait être à vos pieds et qui n'y est pas; cet amateur du théâtre qui aurait pu entendre les beaux opéra représentés dans le palais de Mannheim, et qui peut à peine représenter le rôle du vieillard dans Tancrède, chez des allobroges calvinistes

calvinistes, prend la liberté de mettre aux pieds de Votre Altesse Electorale une nouvelle édition de ce Tancrède, dont il eut l'honneur de lui envoyer les prémices. La tragédie présente de l'Europe me fait verser plus de larmes que Tancrède n'en a fait répandre à Paris. On pleure les malheurs publics et les particuliers, et voilà à quoi l'on passe son tems dans le meilleur des mondes possibles. La Jérusalem céleste, où j'aurai l'honneur d'aller tenir mon coin incessamment, nous dédommagera de tout cela, et ce sera un vrai plaisir. Ma vraie Jérusalem serait à Schwetzingen; je me mets à vos pieds, Monseigneur, avec le plus profond respect.

Le petit suisse. V.

NOTES.

(*a*) *Après avoir congédié son secrétaire Tinois.* C'est ce Tinois que des libraires avaient suborné et qui livra pour une somme d'argent quelques manuscrits de Voltaire. Il n'était pas sans talens. Voici comment il était devenu secrétaire de ce grand homme; l'anecdote est singulière.

En 1750, Voltaire s'arrêta à Reims et eut besoin d'un copiste pour faire un manuscrit de la tragédie d'Œdipe. Tinois en fut chargé; lorsqu'il eut fini sa copie, il la remit à Voltaire avec les vers suivans :

A M. DE VOLTAIRE,

sur sa Tragédie de Catilina.

Enfin, le vrai Catilina
Sur notre scène va paraître;
Tout Paris dira : le voilà !
Nul ne pourra le méconnaître.
Ce scélérat par sa fierté,
César par sa valeur altière,
Cicéron par sa fermeté,
Montreront leur vrai caractère;
Et, dans ce chef-d'œuvre nouveau,
Chacun reconnaîtra, par les coups du pinceau,
César, Catilina, Cicéron et Voltaire.

Par son très-humble et très-obéissant serviteur,

TINOIS DE REIMS.

(*b*) *Exposés à une vieillesse languissante et infortunée.* Paris sera toujours un théâtre vers lequel l'émulation et le désir de s'instruire conduiront les gens de lettres. Mais si son séjour procure à l'esprit les plus douces jouissances, son luxe, ses plaisirs, la dissipation de ses habitans, sont autant de fléaux qui assiégent celui qui veut s'y livrer au travail, sans rompre entièrement avec la société. A Paris on paie fort cher les douceurs de la vie et même ses besoins : chaque jour un objet nouveau vous y dérobe votre or ou votre tems. Le tems, sur-tout, si précieux à l'homme qui écrit, s'y trouve dilapidé, sans que souvent on puisse se rendre compte de son emploi. Voici ce que Voltaire écrivait à ce sujet en 1740 à madame de Chambonin :

« Paris est un gouffre où se perdent le repos et le
» recueillement de l'ame, sans qui la vie n'est qu'un
» tumulte importun. Je suis porté, entraîné loin de
» moi, dans des tourbillons. Je vais, je viens, je
» soupe au bout de la ville, pour souper le lende-
» main à l'autre. D'une société de trois ou quatre amis
» intimes, il faut voler à l'opéra, à la comédie. Il
» faut voir des curiosités, embrasser cent personnes
» en un jour, faire et recevoir cent protestations.
» Pas un instant à soi, pas le tems d'écrire, de penser,
» ni de dormir. Je suis comme cet ancien qui mourut
» accablé sous les fleurs qu'on lui jetait ».

(*c*) *Comptant peu sur la discrétion de Voltaire*, etc. Frédéric pouvait bien en 1751 s'être moqué de quelques grands personnages, lui qui en 1759 composa, après la bataille de Crevelt, une ode satirique dans laquelle la nation française, Louis XV et la marquise de Pompadour étaient vivement insultés. Cette anecdote est curieuse et n'est rapportée qu'imparfaitement dans les mémoires de Voltaire. Les fragmens de l'ode de Frédéric y sont avec des changemens, par l'habitude qu'avait Voltaire de corriger les vers de ce prince. On n'y trouve aussi que quatre strophes de la réponse faite au roi de Prusse; encore sont-elles défigurées, soit par inadvertance de l'imprimeur, soit que la copie adressée à Voltaire fût infidèle. Voici les fragmens de cette satire qui est bien au-dessous de la réponse qui y fut faite:

. . . .
Tels ces brigands de la Seine
Armèrent leurs faibles mains,
Croyant subjuguer sans peine
Nos invincibles Germains.

O nation folle et vaine!
Quoi! sont-ce là ces guerriers,
Sous Luxembourg, sous Turenne,
Couverts d'immortels lauriers:
Qui, vrais amans de la gloire,
Affrontaient pour la victoire
Les dangers et le trépas?
Je vois leur vil assemblage
Aussi vaillant au pillage,
Que lâche dans les combats.

Quoi! votre faible monarque,
Jouet de la Pompadour,

Flétri par plus d'une marque
Des opprobres de l'amour,
Lui qui détestant les peines,
Au hasard remet les rênes
De son royaume aux abois,
Ce Céladon, sous un hêtre,
Prétend nous parler en maître,
Et dicter le sort des rois.

Il ignore dans Versailles
Où son triste ennui l'endort,
Que les combats, les batailles
Du monde fixent le sort, etc.
. . . .

Frédéric eut l'imprudence d'envoyer cette ode à Voltaire. Celui-ci crut s'apercevoir que le paquet avait été décacheté en route; on savait en outre qu'il corrigeait les vers du roi de Prusse. Pour prévenir sa ruine, il prit le parti d'adresser au duc de Choiseul ce paquet tel qu'il l'avait reçu, en demandant le secret. L'ode fut montrée à Louis XV et à la marquise; on imagine l'effet qu'elle dut produire.

Le duc de Choiseul fit venir Palissot à Versailles et lui donna l'ordre, au nom du roi, de répondre à Frédéric de manière à lui faire perdre l'envie de répandre son ode. Palissot ne pouvait qu'obéir. On verra que l'esprit national inspira le poëte plus encore que l'obéissance. Sa réponse fut envoyée à Frédéric, en l'avertissant que s'il donnait de la publicité à sa pièce, la réplique serait imprimée. Le roi de Prusse n'écrivit plus, il se contenta de se battre et fit bien.

Le duc de Choiseul garda le secret à Voltaire.

Celui-ci écrivit au roi de Prusse que madame Denis avait brûlé l'ode, dans la crainte qu'on ne l'imputât à son oncle. Voici la réponse de Palissot.

ODE AU ROI DE PRUSSE.

O Muse ! soutiens mon courage,
Retrace-moi cet heureux âge
Chéri de l'antique Memphis,
Où d'un Sénat juste et terrible
Le tribunal incorruptible
Jugeait les rois ensevelis.

Renouvelons ces grands exemples :
Si la crainte érigea des temples
Aux tyrans de l'humanité ;
Périssent ces honneurs frivoles !
Traînons ces superbes idoles
Aux pieds de la postérité.

Tyran des rives de la Sprée,
Toi, dont la puissance abhorrée
Alarme aujourd'hui tant d'états,
Je te dénonce aux Euménides :
Sous leurs mains de vengeance avides,
Viens expier tes attentats.

Il a donc rompu sa barrière,
Ce torrent que l'Europe entière
Devait arrêter dans son cours ;
Peuples, menacés du naufrage,
Unissez-vous : contre sa rage
La fuite est un faible secours.

Ce n'est plus cet heureux génie
Qui des arts, dans la Germanie,
Devait allumer le flambeau :
Époux, fils, et frère coupable,
C'est lui que son père équitable
Voulait étouffer au berceau.

Le voilà ce roi pacifique,
Qui d'une affreuse politique
Promit d'enchaîner la fureur ;
Il n'en dévoila les maximes,
Il n'approfondit l'art des crimes,
Que pour en surpasser l'horreur.

Saxe, désolée et sanglante,
Dresde, autrefois si florissante,
Séjour du commerce et des arts ;
Vous le savez ! et vos ruines
Du spectacle de ses rapines
Affligent encor les regards.

Mais quelle douloureuse image !
Veut-il donc ce tyran sauvage
Braver tous les droits des humains ?
Où fuyez-vous, reine éplorée !
O reine, à ses fureurs livrée,
Que je tremble pour vos destins.

A force de crimes célèbres
Prétend-il franchir les ténèbres
De l'oubli qu'il a mérité,
Et dont le voile heureux et sombre
Eût enseveli dans son ombre
Son règne impie et détesté ?

Parmi le tumulte et les armes,
Il croit s'aguerrir aux alarmes
Qu'il traîne en tous lieux sur ses pas :

Mais, au bruit de l'airain qui tonne,
L'effroi le saisit, il frissonne ;
Et ne voit plus que le trépas.

Fier d'un avantage éphémère,
Veut-il d'un laurier moins vulgaire
Tenter les périlleux hasards ?
Prague échappe à son imprudence ;
Olmutz, qu'il croyait sans défense,
Le voit fuir loin de ses remparts.

Tombez, voiles de sa faiblesse,
Prestiges vains dont son adresse
A long-tems fasciné les yeux ;
C'est sur la fraude et l'artifice
Qu'il fonda le frêle édifice
De ses projets ambitieux.

Si d'une tactique savante
L'art formidable qu'il nous vante
Put le mettre au rang des guerriers,
De cette gloire imaginaire
L'honneur appartient à son père,
Frédéric lui doit ses lauriers.

Jaloux d'une double couronne,
Il ose, infidèle à Bellonne,
Courir sur les pas d'Apollon ;
Dût-il des sommets du Parnasse,
Pour expier sa folle audace,
Subir le sort de Phaéton.

Abjure un espoir téméraire :
En vain la muse de Voltaire
T'enivra d'un coupable encens ;
Jamais, aux fastes de la gloire,
La main des filles de Mémoire
N'inscrivit le nom des tyrans.

Vois, malgré la garde romaine,
Néron poursuivi sur la scène
Par le mépris des légions;
Vois l'oppresseur de Syracuse,
Denis, prostituant sa muse
Aux insultes des nations.

Par tes vers, par ta politique,
Et par ton orgueil despotique,
Déjà trop semblable à Denis,
Héritier de ses artifices,
De son génie et de ses vices,
Crains la disgrace de son fils.

Que pourrait alors ta faiblesse?
Sur une indocile jeunesse
Régner encor par la terreur;
Et retrouver dans ce délire
Quelqu'apparence de l'empire
Que tu perdis par ta fureur.

Jusque-là, censeur moins sauvage,
Souffre l'innocent badinage
De la nature et des amours.
Peux-tu condamner la tendresse,
Toi qui n'en as connu l'ivresse
Que dans les bras de tes tambours.

Vaillante élite de la France,
Accablez de votre vengeance
Ce Salmonée audacieux.
Il ose imiter le tonnerre :
Hâtez-vous d'en purger la terre;
Sa mort doit absoudre les dieux.

(*d*) *Qui m'ôte le droit de toucher aux pièces du procès*, etc. Ce mémoire est entre les mains de M. Collini fils, conseiller de la légation de Bade à Paris. Il est également en possession du manuscrit autographe de son père et des lettres originales de Voltaire.

(e) *En me donnant cette clef et cette croix que j'ai remises à ses pieds.* Ces vers se trouvent dans les œuvres complètes du roi de Prusse.

(f) *Son appartement à Schwetzingen devint le temple de Melpomène.* De tous les goûts divers auxquels Voltaire dut sa gloire et ses plus douces jouissances, le théâtre fut celui qui l'occupa le plus et qui eut sur son esprit un ascendant que rien ne put jamais affaiblir. Il débuta dans le monde littéraire par une tragédie : un excès de travail, auquel il se livra pour rendre *Irène* plus digne du public, hâta sa dernière heure. Il ne donna que des instans de caprice à la physique, à l'histoire, à la théologie, aux romans, tandis que quarante ouvrages dramatiques annoncent la persévérance d'une véritable passion.

Non-seulement il fut auteur dramatique, mais encore il cultiva le talent de la déclamation et chaussa plus d'une fois le cothurne. Il joua à Cirey et en Prusse le rôle de Cicéron dans *Rome sauvée*; à Ferney, ceux de Lusignan dans *Zaïre*, d'Argire dans *Tancrède*, de Zopire dans *Mahomet*, d'Alvarès dans *Alzire*, de Narbas dans *Mérope*. C'est ainsi qu'il essayait ses productions devant un petit nombre de spectateurs éclairés, avant de les exposer au grand jour des représentations publiques.

Il s'entourait de tout ce qui était capable d'alimenter cette passion. Les particuliers qui montraient du talent pour la déclamation, ceux qui faisaient leur profession du théâtre, étaient accueillis dans sa maison avec l'estime et les égards dus au mérite. Il ne partagea pas avec son siècle cet affreux préjugé qui dégradait et avilissait un homme dont l'état est de nous procurer un amusement si noble, si décent et si plein de charmes qu'il est devenu l'un de nos besoins. Les acteurs sont pour les poëtes ce que les concertans sont pour les compositeurs : la comparaison est exacte ; or, s'avisa-t-on jamais de mépriser un artiste, qui, pour de l'argent, tire d'un violon ou d'une harpe des sons mélodieux.

Voltaire vit plus d'une fois à Ferney mademoiselle Clairon et Lekain ; ce dernier lui dut en partie son état et sa grande réputation. Il fit des vers pour eux comme il en avait fait pour mademoiselle Lecouvreur, pour mademoiselle Camargo et pour Lanoue. Sa correspondance avec plusieurs acteurs célèbres a été conservée ; chacune de ces lettres découvre l'estime et l'amitié qu'il leur portait, et renferme des leçons importantes pour la composition et la déclamation des ouvrages dramatiques.

L'éditeur de ces mémoires croit faire plaisir en donnant au public quelques lettres inédites de Voltaire au comédien Lanoue, auteur de Mahomet II, et une lettre également inédite à la célèbre mademoiselle Dumesnil.

La première des lettres adressées à Lanoue peut passer pour inédite quoiqu'elle se trouve imprimée dans les œuvres complètes de Voltaire. Les éditeurs l'ont tellement défigurée qu'elle n'est pas reconnaissable. On trouvera ici, en caractères italiques, tout ce qui a été retranché, et dans des notes, ce qui a été ajouté. Les lettres autographes sont dans la bibliothèque de M. de Solaine, qui possède en livres et manuscrits une des plus intéressantes collections, et qui joint un goût éclairé à l'amour de la littérature. Celle à mademoiselle Dumesnil est entre les mains de M. Chénier: on l'a calquée, quant à l'orthographe, sur le manuscrit de Voltaire. Le lecteur se souviendra que ce ne fut qu'en 1752 que ce grand homme en adopta une nouvelle dans l'impression du siècle de Louis XIV, et la lettre à mademoiselle Dumesnil est de 1743.

Cirey en Champagne, ce 3 avril 1739.

A M. DE LA NOUE, entrepreneur des spectacles à Rouen.

Votre belle tragédie, Monsieur, est arrivée à Cirey comme les Maupertuis (1) et les Bernouilli en partaient: les grandes vérités nous quittent; mais à leur place les grands sentimens et de *très* beaux vers, qui valent bien des vérités, nous arrivent. *Madame la marquise du Châtelet a lu votre ouvrage avec autant de plaisir que le public l'a vu. Je joins mon suffrage au sien, quoiqu'il soit d'un bien moindre poids, et j'y ajoute mes remerciemens du plaisir que vous me faites et de la confiance que vous voulez bien avoir en moi.* Je crois que vous êtes le premier, parmi les modernes, qui ayez été à la fois acteur et auteur tragique (2),

---

(1) On trouve dans la correspondance générale Kœnig au lieu de Maupertuis.

(2) Car Lathuilerie qui donna *Hercule* et *Soliman* sous son nom, n'en était pas l'auteur; et d'ailleurs ces deux pièces sont car celui qui donna *Hercule* sous son nom n'en était pas l'auteur; et d'ailleurs cet *Hercule* est comme s'il n'avait point été. Ce double mérite n'a guère été connu que chez les anciens Grecs, chez cette nation heureuse de qui nous tenons tous les arts, qui savait récompenser et honorer tous les talens, et que nous n'estimons ni n'imitons pas assez (1).

Je vous assure, Monsieur, que je sens un plaisir incroyable quand je vois des vers de génie, des vers nobles, pleins d'harmonie et de pensées : c'est un plaisir rare, mais je viens de le goûter avec transport.

Tranquille maintenant, l'amour qui le séduit
Suspend son caractère et ne l'a point détruit. —
Sur les plus turbulens j'ai versé mes fureurs ;
A la fidélité réservant la disgrace,
Mon adroite indulgence a caressé l'audace. —
Dans leurs sanglantes mains le tonnerre s'allume,

---

comme si elles n'avaient point été. Connaissez-vous l'épitaphe de ce Lathuilerie ?

« Ci gît un fiacre nommé Jean
» Qui croyait avoir fait Hercule et Soliman. »

Le double mérite d'être, si on ose le dire, peintre et tableau à la fois, n'a été en honneur que chez les anciens Grecs, chez cette nation heureuse, etc.

(1). Votre ouvrage étincelle de vers de génie et de traits d'imagination : c'est presque un nouveau genre. Il ne faut pas sans doute rien de trop hardi dans les vers d'une tragédie, mais aussi, etc.

*Sous leurs pas embrasés la terre se consume. —
J'ai vaincu, j'ai conquis, je gouverne à présent. —
Parmi tant de dangers ma jeunesse imprudente
S'égarait et marchait aveuglée et contente. —
La gloire et les grandeurs n'ont pu remplir mes vœux,
Un instant de vertu vient de me rendre heureux. —
Tout autre bruit se tait lorsque la foudre gronde ;
Tonne sur ces cruels et rends la paix au monde. —
Cruel Aga, pourquoi dessillais-tu mes yeux ?
Pourquoi, dans les replis d'un cœur ambitieux,
Avec des traits de flamme aiguillonnant la gloire,
A l'amour triomphant arracher la victoire ?*

Il me semble que votre ouvrage étincelle partout de ces traits d'imagination, et lorsque vous aurez achevé de polir les autres vers qui enchâssent ces diamans brillans, il doit en résulter une versification très-belle et même d'un nouveau genre. Il ne faut, sans doute, rien de trop hardi dans les vers d'une tragédie ; mais aussi les Français n'ont-ils pas souvent été trop timides ? A la bonne heure qu'un courtisan poli, qu'une jeune princesse, ne mettent dans leurs discours que de la simplicité et de la grace ; mais il me semble que certains héros étrangers, des Asiatiques, des Américains, des Turcs, peuvent parler sur un ton plus fier, plus sublime, *major è longinquo.* J'aime un langage hardi, métaphorique, plein d'images dans la bouche de Mahomet second (1). Ces idées superbes

---

(1) Comme dans Mahomet le prophète. Ces idées superbes sont faites pour leurs caractères. C'est ainsi qu'ils s'exprimaient eux-mêmes. On prétend que le conquérant de Constantinople,

sont faites pour son caractère. C'est ainsi qu'il s'exprimait lui-même. Savez-vous bien qu'en entrant dans Sainte-Sophie qu'il venait de changer en mosquée, il s'écria en vers persans qu'il composa sur-le-champ: *Le palais impérial est tombé; les oiseaux qui annoncent le carnage ont fait entendre leurs cris sur les murs de Constantin.*

On a beau dire que ces beautés de diction sont des beautés épiques; ceux qui parlent ainsi ne savent pas que Sophocle et Euripide ont imité le style d'Homère; ces morceaux épiques, entremêlés avec art avec des beautés plus simples, sont comme des éclairs qu'on voit quelquefois enflammer l'horizon et se mêler à la lumière douce et égale d'une belle soirée. Toutes les autres nations aiment, ce me semble, ces figures frappantes; Grecs, Latins, Arabes, Italiens, Anglais, Espagnols, tous nous reprochent une poésie un peu trop prosaïque. Je ne dis pas qu'on outre la nature; je veux qu'on la fortifie et qu'on l'embellisse. Qui aime mieux que moi les pièces de l'illustre Racine? qui les sait plus par cœur? Mais serais-je fâché que Bajazet, par exemple, eût quelquefois un style un peu plus sublime.

Elle veut, Acomat, que je l'épouse.....—
Tout cela finirait par une perfidie.

---

en entrant dans Sainte-Sophie, qu'il venait de changer en mosquée récita ces deux vers sublimes du Persan Sadi.

« Le palais impérial, etc.

J'épouserais !

J'épouserais ! et qui ? s'il faut que je le die,
Une esclave, attachée à ses seuls intérêts. —
Si votre cœur était moins plein de son amour,
Je vous verrais, sans doute, en rougir la première ;
Et pour vous épargner une injuste prière,
Adieu..., je vais trouver Roxane de ce pas,
Et je vous quitte..... Et moi je ne vous quitte pas. —
Que parlez-vous, Madame, et d'époux et d'amant ?
O ciel ! de ce discours quel est le fondement ?
Qui peut vous avoir fait ce récit infidèle ? —
Je vois, enfin, je vois qu'en ce même moment,
Tout ce que je vous dis vous touche faiblement.
Madame, finissons et mon trouble et le vôtre ;
Ne nous affligeons point vainement l'un et l'autre.
Roxane n'est pas loin, etc.

Je vous demande, Monsieur, si à ce style dans lequel tout le rôle de ce Turc est écrit, vous reconnaissez autre chose qu'un Français (1) qui s'exprime avec élégance et avec douceur ? Ne désirez-vous rien de plus mâle, de plus fier, de plus animé dans les expressions de ce jeune Ottoman qui se voit entre Roxane et l'Empire, entre Atalide et la mort ? C'est à peu près ce que Pierre Corneille disait à la première représentation de Bajazet à un vieillard qui me l'a raconté : *Cela est tendre, touchant, bien écrit*, disait-il, *mais c'est toujours un Français qui parle.* Vous sentez Monsieur, que cette petite réflexion ne dérobe rien au respect que tout homme qui aime la langue française doit au nom de Racine. Ceux

---

(1) Qui appelle sa turque *Madame*, et qui s'exprime, etc.

qui désirent un peu plus de coloris à Raphaël et au Poussin, ne les admirent pas moins.

Peut-être qu'en général cette maigreur ordinaire à la versification française, ce vide de grandes idées est un peu la suite de la gêne de nos phrases et de notre poésie (1). Nous avons besoin de hardiesse et nous ne devrions rimer que pour les oreilles. Il y a vingt ans que j'ose le dire. Si un vers finit par le mot *terre*, vous êtes sûr de voir la *guerre* à la fin de l'autre. Cependant prononce-t-on *terre* autrement que *père* et *mère*? Prononce-t-on *sang* autrement que *camp*? Pourquoi donc craindre de faire rimer aux yeux ce qui rime si bien aux oreilles? On doit songer, ce me semble, que l'oreille n'est juge que des sons et non de la figure des caractères. Il ne faut point multiplier les obstacles sans nécessité; car alors, c'est diminuer les beautés. Il faut des lois sévères et non un vil esclavage (2).

De peur d'être trop long, je ne vous en dirai pas davantage sur le style. J'ai d'ailleurs trop de choses à vous dire sur le sujet de votre pièce. Je n'en sais point qui fût plus difficile à manier. Il n'était conforme par lui-même ni à l'histoire ni à la nature. *Il a fallu assurément bien du génie pour lutter contre ces obstacles.*

Un moine nommé *Bandelli* s'est avisé de défigurer

---

(1) Et de notre rime.

(2) Les Anglais pensent ainsi. Mais de peur d'être, etc.

l'histoire du grand Mahomet II, par plusieurs contes incroyables. Il y a mêlé la fable de la mort d'Irène, et vingt autres écrivains l'ont copiée

Cependant il est sûr que jamais Mahomet n'eut de maîtresse connue des chrétiens sous ce nom d'Irène ; que jamais les Janissaires ne se révoltèrent contre lui, ni pour une femme, ni pour aucun autre sujet, et que ce prince aussi prudent, aussi savant et aussi sage qu'il était intrépide, était incapable de commettre cette action d'un (1) forcené, que nos historiens lui reprochent si ridiculement. Il faut mettre ce conte avec celui des quatorze Icoglans, auxquels on prétend qu'il fit ouvrir le ventre pour savoir qui avait mangé ses figues. Les nations subjuguées imputent toujours des choses horribles et absurdes à leurs vainqueurs. C'est la vengeance des sots et des esclaves. L'histoire de Charles XII m'a mis dans la nécessité de lire quelques ouvrages historiques concernant les Turcs. J'ai lu, entr'autres, depuis peu, l'histoire ottomane du prince Cantimir, Vaivode de Moldavie, écrite à Constantinople. Il ne daigne, ni lui, ni aucun auteur turc ou arabe, réfuter la fable d'Irène. Il se contente de représenter Mahomet comme le plus sage prince de son tems. Il fait voir que Mahomet ayant pris d'assaut, par un mal entendu, la moitié de Constantinople, et ayant reçu l'autre à composition, observa religieusement le traité, et conserva même la

---

(1) Imbécille forcené, etc.

plus grande part des églises de cette autre partie de la ville, lesquelles subsistèrent trois générations après lui.

Mais qu'il eût voulu épouser une chrétienne, qu'il l'eût égorgée, voilà ce qui n'a jamais été imaginé de son tems. Ce que je dis ici, je le dis en historien, non en poëte. Je suis très-loin de vous condamner. Vous avez suivi le préjugé reçu, et un préjugé suffit pour un peintre et un poëte. Où en seraient Virgile et Homère si on les avait chicanés sur les faits. Une fausseté qui produit au théâtre une belle situation, est préférable en ce cas à toutes les archives de l'univers ; *elle devient vraie pour moi, puisqu'elle a produit le rôle de votre Aga des Janissaires, et la situation aussi frappante que neuve et hardie de Mahomet, levant le poignard sur une maîtresse dont il est aimé. Continuez, Monsieur, d'être du petit nombre de ceux qui empêchent que les belles-lettres ne périssent en France. Il y a encore et de nouveaux sujets de tragédie, et même de nouveaux genres ; je crois les arts inépuisables : celui du théâtre est un des plus beaux comme des plus difficiles. Je serais bien à plaindre si je perdais le goût de ces beautés, parce que j'étudie un peu d'histoire et de physique. Je regarde un homme qui a aimé la poésie et qui n'en est plus touché, comme un malade qui a perdu l'un de ses sens. Mais je n'ai rien à craindre avec vous, et eussé-je entièrement renoncé aux vers, je dirais en voyant les vôtres : Agnosco veteris vestigia flammæ ! Je dois, sans doute, Monsieur, la faveur que je reçois de vous, à M. de Cideville, mon ami de trente années : je n'en ai guère* d'autres, c'est un des magistrats de France qui a le plus cultivé les lettres : c'est un Pollion en poésie et un Pilade en amitié. Je vous supplie de lui présenter mes remercîmens et de recevoir les miens. Je suis, etc.

V.

A M. DE LA NOUE, directeur de la comédie, à Douai.

A Bruxelles, ce 20 auguste 1754.

Il y a long-tems, mon cher monsieur, qu'une parfaite estime m'a rendu votre ami. Cette amitié est bien fortifiée par votre lettre. Vous pensez aussi bien en prose qu'en vers, et je ferai certainement usage des réflexions que vous avez bien voulu me communiquer. J'espère toujours que quand le plus aimable Roi de l'univers sera un peu fixé dans sa capitale, il mettra la tragédie et la comédie françaises au nombre des beaux arts qu'il fera fleurir. Il n'en protège aucun qu'il ne connaisse ; il est juge éclairé du mérite en tous genres. Je crois que je ne pourrai jamais mieux le servir qu'en lui procurant un homme d'esprit et de talens aussi estimable par son caractère que par ses ouvrages, et seul capable, peut-être, de rendre à son art l'honneur et la considération que cet art mérite. Berlin va devenir Athènes ; je crois que le Roi pensera comme les Périclès et les autres Athéniens qui honorèrent le théâtre, et ceux qui s'y adonnaient et qui n'étaient point assez sots pour ne pas attacher une juste estime à l'art de bien parler en public. Si je suis assez heureux pour procurer à S. M. un homme tel que vous, je suis très-sûr qu'il ne vous considérera pas seulement comme le chef d'une société destinée aux plaisirs, mais comme un auteur et comme un homme digne de ses attentions.

Si les choses prennent un autre tour, si l'amour de votre patrie vous empêche d'aller à la cour d'un roi que tous les gens de lettres veulent servir, ou si quelqu'un lui donne une autre idée, ou s'il n'a point de spectacle, je féliciterai la France de vous garder. Je me flatte que j'aurai bientôt le plaisir de vous entendre à Lille.

Mandez-moi, je vous prie, si vous pourriez y être vers le premier septembre. J'ai mes raisons, et ces raisons sont principalement l'estime et l'amitié avec lesquelles je compte être toute ma vie, etc.

A. M. DE LA NOUE, *entrepreneur des spectacles, à Lille.*

1741.

Eh bien, mon cher confrère, je ferai donc venir ce manuscrit de l'Enfant prodigue, qui est entre les mains des comédiens de Paris ; il est fort différent de l'imprimé ; le moindre des changemens est celui que mes amis furent obligés d'y faire à la hâte du *Président* en *Sénéchal*. La police ne voulut jamais permettre qu'on osât mettre sur le théâtre un Président. On n'était pas si difficile du tems de *Perrin Dandin*. En

Angleterre, j'ai vu sur la scène un cardinal qui meurt en athée.

Quant à la situation de la fin, je m'en rapporte à vous. Vous connaissez mieux le théâtre que moi. Croiriez-vous bien que je n'ai jamais vu jouer ni répéter l'Enfant prodigue. Les effets du théâtre ne se devinent point dans le cabinet ; mais je ne suis point tenté de quitter mon cabinet, pour aller voir la décadence de la comédie à Paris. Je ne veux y aller que quand vous ranimerez les très-languissantes muses de ce pays-là ; poésie, déclamation, tout y périt. Si nous pouvions, en attendant, faire un petit tour à Lille, je vous donnerais Mérope, en cas que vous eussiez du loisir ; mais en vérité il n'y a pas moyen de travestir mademoiselle Gaultier en reine douairière : elle ne doit embellir que les rôles des jeunes princesses. Je reprends de tems en tems mon coquin de prophète en sous-œuvre. Tous les Mahomets sont nés pour vous avoir obligation. Bonsoir, mon cher confrère ; mille complimens, je vous en prie, à mademoiselle Gaultier.

V.

A. M. DE LA NOUE, *entrepreneur des spectacles, à Lille.*

Bruxelles, 1741.

Mon cher faiseur et embellisseur de Mahomets, j'apprends à l'instant que Paris vous désire, et que MM. les ducs de Rochechouard et d'Aumont doivent vous engager, s'ils ne l'ont déjà fait, à venir dans une capitale où les grands talens doivent se rendre. Ils veulent que vous veniez avec mademoiselle Gaultier. Allez donc orner Paris l'un et l'autre, et puissé-je vous y trouver bientôt. Je me recommande à vous quand vous serez dans votre royaume. Allons donc, que mademoiselle Gaultier travaille de toutes ses forces, qu'elle mette plus de variété dans son récit, qu'elle joigne tout ce que peut l'art à tout ce que la nature a fait pour elle. Elle est faite pour être le charme du théâtre comme celui de la société. Je la remercie de l'honneur qu'elle a fait à une certaine Palmyre. Je vous prie d'écrire à monsieur son père, que vous le priez de rendre au plutôt à l'abbé Moussinot les paquets dont il a bien voulu se charger; cela m'est très-important. Adieu, mon cher ami.

V.

A M. DE LA NOUE, *directeur des spectacles à Lille.*

A Bruxelles, ce 28 janvier 1742.

Mon cher Mahomet, mon cher Traséas, etc. J'ai envoyé votre lettre à celui (1) qui serait heureux, s'il se bornait aux plaisirs que des hommes tels que vous peuvent lui donner. S'il vous connaissait, je sais bien ce qu'il ferait, ou du moins ce qu'il devrait faire.

---

(1) Le roi de Prusse qui désirait avoir Lanoue en qualité de directeur de sa troupe de comédiens.

Je ne doute pas que vous n'obteniez les choses très-justes que vous demandez. Mais en même tems, je crois que vous devez entièrement vous conformer à ce que M. Algarotti vous a mandé, et ne faire aucuns préparatifs à compter du jour de la réception de sa lettre. Vous m'avez donné une grande envie de revenir à Lille. Je ne vous ai ni assez vu, ni assez entendu. J'aime en vous l'auteur, l'acteur, et surtout l'homme de bonne compagnie. Comptez que vous avez fait en moi une conquête pour la vie. Ne me retrouverai-je jamais entre le cher Cideville et vous. *O noctes cœnæque Deum!* Je vous aimerais bien mieux là qu'à Berlin. Adieu, mon ami.

V.

A M. DE LA NOUE, comédien de S. M. à Fontainebleau.

Ce lundi, 5 mai 1742.

Je comptais, mon cher ami, avoir un plaisir plus flatteur que celui de vous féliciter de loin sur vos succès. J'espérais que ma santé me permettrait de venir vous entendre et vous embrasser : je ne sais pas encore quand je partirai pour la Flandre. Il se pourra très-bien que je reste assez de tems à Paris, pour vous y voir ramener la foule au désert du théâtre. Je partirai content quand j'aurai vu l'honneur de notre nation rétabli par vous et par mademoiselle Gaultier. Vous me ferez aimer plus que jamais un art qui commençait à me devenir indifférent. Vos talens ne sont pas le seul mérite que j'aime en vous. L'auteur et l'acteur n'ont que mes applaudissemens; mais l'honnête homme, l'homme d'un commerce aimable a mon cœur. Faites, je vous prie, mille complimens de ma part, à mademoiselle Gaultier, et au nom de l'amitié, ne me traitez plus avec cérémonie. Je vous embrasse de tout mon cœur. Votre succès m'est aussi cher qu'à vous ; mais j'en étais bien plus sûr que vous.

V.

A M. DE LANOUE, à l'hôtel des comédiens du roi, Faubourg Saint-Germain.

Commercy, ce 27 juillet 1748.

J'eus l'honneur, Monsieur, en partant de Paris, de vous faire tenir le changement qui vous parut convenable dans le rôle d'Assur. Je me flatte que vous avez bien voulu faire porter ce changement sur le rôle et sur la pièce. Permettez-moi de vous demander si vous n'aimeriez pas mieux :

Quand sa puissante main la ferma sous mes pas;

Que :

Quand son adroite main ?

Il me semble que ce terme d'*adroite* n'est pas assez noble et sent la comédie. Je vous prie d'y avoir égard, si vous êtes de mon avis.

J'apprends que M. le duc d'Aumont nous fait donner une décoration digne des bontés dont il honore les arts et digne de vos talens. Cette distinction, que les auteurs méritent, me rend encore plus timide et plus méfiant sur mon ouvrage. Il serait bien triste de faire dire que le roi a placé sa magnificence et ses bontés sur un ouvrage qui ne les méritait pas. C'est à vous, Monsieur, et à vos camarades de réparer, par votre art, les défauts du mien; vous êtes un grand juge de l'un et de l'autre. Il y a pourtant un point sur lequel j'aurais quelques représentations à vous faire. C'est sur l'idée où vous semblez être que le tragique doit être déclamé un peu uniment. Il y a beaucoup de cas où l'on doit en effet bannir toute pompe et tout tragique. Mais je crois que dans les pièces de la nature de celle-ci, la plus haute déclamation est la plus convenable. Cette tragédie tient un peu de l'épique, et je souhaite qu'on trouve que je n'ai point violé cette règle :

Nec Deus intersit nisi dignus vindice nodus.

Le cothurne est ici chaussé un peu plus haut que dans les intrigues d'amour, et je pense que le ton de la simplicité, ne convient point à la pièce. C'est une réflexion que je soumets à vos lumières, comme je me repose du rôle uniquement sur vos talens. Je vous prie de me croire avec l'estime la plus sincère, etc.

V.

A Mademoiselle Dumesnil.

A la Haye, ce 4 juillet 1743.

La divinité qui a eû les hommages de Paris sous le nom de Mérope, m'est toujours présente à cent lieues de Paris, comme sur les autels ou elle s'est faitte adorer. Je ne peux, Mademoiselle, resister plus long temps aux sentiments qui m'ordonnent de vous ecrire. Je regrette beaucoup plus le plaisir de vous entendre que celuy de voir jouer Jules Cesar. Une pièce que vous ne pouvez embellir devient des lors pour moy d'un prix bien mediocre: mais l'interest que je prends à tout ce qui regarde vos camarades, et j'ose dire encor, l'interest des beaux arts, me font voir avec beaucoup de douleur la persecution injuste que cette tragédie essuye.

J'entends dire que M. de Crebillon fait des difficultez que personne ne devoit attendre de luy. Il prétend que Brutus ne doit pas assassiner Cesar; et assurément il a raison; on ne doit assassiner personne. Mais il a fait autrefois boire sur le teatre le sang d'un fils à son propre père; il a fait paroitre Semiramis amoureuse de son fils, sans donner seulement un remords à Semiramis ny a Atrée. Et les reviseurs de ce temps la, souffrirent que ces pieces fussent jouées. Il est vray que Brutus laisse prévaloir l'amour de la patrie contre un tiran, mais il faut songer ce me semble que cet assassinat est detesté a la fin de la pièce par les romains meme; que les derniers vers meme annoncent la vengeance de ce parricide; et qu'ainsi on n'a rien à se reprocher, puisque si on se contentoit de suivre l'histoire à la lettre, jusqu'à la mort de Cesar, et de ne pas blamer l'action de Brutus, on n'auroit rien a se reprocher encore.

Il paroit donc que M. Crebillon doit cesser pour son honneur de faire des difficultez et ne pas revolter le public contre luy; plus il travaille à son Catilina dans lequel il fait paroitre le senat de Rome; plus il doit me semble prevenir les soupcons que forment trop de personnes, qu'il veut empecher qu'on ne joue un ouvrage qui a un peu de raport au sien, et qui luy oteroit la fleur de la nouveauté. Il est au dessus de la jalousie, et il ne faut pas qu'il donne lieu de l'en soupconner aux personnes qui le connoissent moins que moy. Je suis persuadé que vous et vos amis, vous representerez ces raisons soit à M. de Marville, soit aux personnes qui peuvent avoir quelque credit. Ne montrez point je vous en prie cette lettre je vous le demande en grace, mais faittes usage des choses quelle contient, et des prieres que je vous fais, faites jouer Cesar ma reine; jouez Therese (1). Ecrivez moi chez madame du Chatelet, comptez que partont ou je seray, vous aurez sur moi un empire absolu. Permettez que je fasse mes compliments a M. de Bremont, et comptez sur le tendre et respectueux attachement de V.

(1) Thérèse était le nom de madame du Châtelet. Il entendait par là Dorfise, personnage de la comédie du Depositaire ou la Gardeuse de cassette, joué par la marquise.

(*g*) *Voltaire y trouva M. de Bordes.* M. de Bordes avait envoyé à Voltaire, pendant qu'il était à Colmar, une pièce de vers, à laquelle le grand homme répondit par la lettre suivante, qui n'est point dans les œuvres complettes.

Auprès de Colmar, ce 26 octobre 1753.

J'ai trop différé, Monsieur, à vous remercier des témoignages de sensibilité que vous avez bien voulu me donner dans vos vers; ils partent du cœur et sont pleins de génie. Je ne peux vous répondre que dans une prose fort simple; c'est tout ce que me permet la maladie dont je suis accablé, et qui augmente tous les jours; elle m'a arrêté en Alsace où j'ai un petit bien, et probablement l'état où je suis ne me permettra pas d'en partir si-tôt. J'aurais bien voulu passer par Lyon; vous augmentez, Monsieur, le désir que j'avais de faire ce voyage. Si vous voyez M. l'abbé Pernetti, qui est je crois votre confrère et le mien, vous me ferez un sensible plaisir de vouloir bien lui faire mes complimens. Pardonnez, je vous prie, à un pauvre malade qui ne peut vous écrire de sa main.

J'ai l'honneur d'être, etc.

(*h*) *Rien contre la religion catholique que je professe, ni contre les mœurs que j'ai toujours respectées.* Voltaire, dans plusieurs circonstances, donna des preuves de respect et d'attachement pour la religion dans laquelle il était né. Il communia, construisit une église, protesta authentiquement, comme on l'a vu dans la pièce adressée à M. Collini, et dans une autre écrite de sa propre main, la dernière année de sa vie, de son dévouement au culte catholique. Qu'on lise ses écrits sans se laisser aveugler par d'injustes préventions, on verra dans ce grand homme l'ennemi de l'erreur et du fanatisme, jamais celui de la divinité ni de la religion.

La meilleure histoire de la vie de Voltaire est sans doute celle que fit Condorcet, et qui forme le dernier volume des œuvres complètes. On doit remarquer comme une particularité curieuse que ce biographe, et les éditeurs des ouvrages de l'auteur de la Henriade, n'ont mis au jour ni sa protestation, ni les lettres qu'il écrivit à l'abbé Gaultier.

On dirait qu'ils ont craint de placer ce grand homme en opposition avec lui-même et de le présenter faible ou transfuge d'une secte dont il avait été le chef.

On ne saurait trop répandre ces derniers monumens d'un homme qui passa sa vie à composer de bons ouvrages et à faire de bonnes actions. Puissent-ils rappeler à ceux qui se plaisent encore à remuer sa cendre et à tourmenter ses mânes, qu'une rétractation faite à l'article de la mort doit éteindre l'animosité dans le cœur d'un bon chrétien, que l'indulgence et la charité sont des vertus commandées par l'église, et qu'il n'est pas loyal de donner pour mauvaises les tragédies de Voltaire, par la raison qu'il a écrit quelques ouvrages peu orthodoxes. L'auteur de toutes choses pardonne au mortel repentant, et un gazetier, le plus grand zélateur du christianisme, oublierait son premier devoir! cela serait bien plus contradictoire que toutes les actions de Voltaire!

A M. l'abbé GAULTIER.

Paris, 21 février 1778.

Votre lettre, Monsieur, me paraît celle d'un honnête homme, et cela me suffit pour me déterminer à recevoir l'honneur de votre visite, le jour et les momens qu'il vous plaira de me la faire : je vous dirai la même chose que j'ai dite en donnant la bénédiction au petit-fils de l'illustre et sage Franklin, l'homme le plus respectable de l'Amérique. Je ne prononçai que ces mots, *Dieu et la liberté*. Tous les assistans versèrent des larmes d'attendrissement. Je me flatte que vous êtes dans les mêmes principes. J'ai quatre-vingt-quatre ans ; je vais bientôt paraître devant Dieu, créateur de tous les mondes. Si vous avez quelque chose à me communiquer, je me ferai un devoir et un honneur de recevoir votre visite, malgré les souffrances qui m'accablent.

J'ai l'honneur d'être, etc.

V.

Au même.

A Paris, 26 février 1778.

Vous m'avez promis, Monsieur, de venir pour m'entendre : je vous prie de venir le plutôt que vous pourrez.   V.

Au même.

27 février 1778.

Madame Denis, nièce de M. de Voltaire, prie M. l'abbé Gaultier de vouloir bien le venir voir, elle lui sera très-obligée.

PROTESTATION *écrite de la propre main de Voltaire.*

Je soussigné, déclare qu'étant attaqué depuis quatre mois d'un vomissement de sang, à l'âge de quatre-vingt-quatre ans; et n'ayant pu me traîner à l'église, M. le curé de St.-Sulpice, ayant bien voulu ajouter à ses bonnes œuvres celle de m'envoyer M. l'abbé Gaultier, prêtre, je me suis confessé à lui; et que si Dieu dispose de moi, je meurs dans la religion catholique où je suis né, espérant de la miséricorde divine qu'elle daignera pardonner toutes mes fautes, et que, si j'avais jamais scandalisé l'église, j'en demande pardon à Dieu et à elle.

VOLTAIRE.

Le 2 mars 1778, dans la maison de M. le marquis de Villette, en présence de M. l'abbé Mignot mon neveu, et de M. le marquis de Villevielle, mon ami.

M. l'abbé Gaultier, m'ayant averti qu'on disait dans un certain monde que je protesterais contre tout ce que je ferais à la mort; je déclare que je n'ai jamais tenu ce propos et que c'est une ancienne plaisanterie attribuée très-faussement, dès long-tems, à plusieurs savans plus éclairés que

V.

Plusieurs personnes, aussi outrées en philosophie que la secte opposée l'est dans son intolérance, n'ajoutent aucune foi à cette protestation. L'éditeur a su de M. de Villevieille, dont le témoignage est irrécusable, que cette anecdote est exacte dans tous ses détails.

(*i*) *Homme d'un vrai mérite.* Paul Henri Mallet, né à Genève en 1734, fut membre du conseil des deux cents en 1760, professeur royal de belles lettres à Copenhague, l'un des précepteurs de S. A. R., aujourd'hui roi de Danemarck, membre de l'académie d'Upsal et de Lyon, correspondant de l'académie royale des inscriptions et belles lettres de Paris, professeur d'histoire civile à Genève, résident du landgrave de Hesse, auprès des républiques de Genève et de Berne. Il est mort au commencement de la présente année 1807.

Il a composé d'excellens ouvrages, entr'autres une Histoire du Danemarck; Mémoires sur la littérature du Nord; Monumens de la mythologie et de la poésie des Celtes; Hsitoire des Helvétiens.

(*k*) *Je serai flatté de vous rendre la justice que vous méritez.* Voltaire a en effet placé dans le chapitre XII du Siècle de Louis XIV, la note suivante:

« Pendant le cours de cette édition, M. Colini,

secrétaire intime et historiographe de l'Électeur palatin, aujourd'hui régnant, a révoqué en doute l'histoire du cartel par des raisons très-spécieuses, énoncées avec beaucoup d'esprit et de sagacité. Il montre très-judicieusement que l'électeur Charles Louis ne put écrire les lettres que *Sandras de Courtils* et *Ramsay* ont imputées à ce prince. Plus d'un historien en effet attribue à ses héros des écrits et des harangues de son imagination.

» On n'a jamais vu la véritable lettre de l'électeur Charles Louis, ni la réponse du maréchal de Turenne : il a seulement toujours passé pour constant que l'Électeur, justement outré des ravages et des incendies que Turenne commettait dans son pays, lui proposa un duel par un trompette nommé *Petit-Jean*. J'ai vu la maison de Bouillon persuadée de cette anecdote.

» Le grand prieur de Vendôme et le maréchal de Villars n'en doutaient pas. Les mémoires du marquis de Beauveau, contemporain, l'affirment. Cependant il se peut que le duel n'ait pas été expressément proposé dans la lettre *amère* que l'Électeur dit lui-même avoir écrite au prince maréchal de Turenne. Plût à Dieu qu'il fût douteux que le Palatinat ait été embrasé deux fois ! Voilà ce qui n'est que trop constant, ce qui est essentiel, et ce qu'on reproche à la mémoire de Louis XIV.

» M. Colini reproche au président Hainaut d'avoir dit que le prince de Turenne répondit à ce cartel *avec une modération qui fit honte à l'Electeur, de cette bravade*. La honte était dans l'incendie, lorsqu'on n'était pas encore en guerre ouverte avec le Palatinat, et ce n'était point une bravade dans un prince justement irrité, de vouloir se battre contre l'auteur de ces cruels excès. L'Électeur était très-vif; l'esprit de chevalerie n'était pas encore éteint. On voit, dans les lettres de Pélisson, que Louis XIV lui-même demanda s'il pouvait en conscience se battre contre l'empereur Léopold.

(*l*) *Bientôt il n'y aura plus de nation qui n'ait adopté ce chef-d'œuvre.* Il y a eu plusieurs traducteurs italiens de la Henriade; Nency est le plus estimé. Dans sa langue favorable à la poésie, l'imitation est souvent aussi belle que l'original. On en jugera par les premiers vers :

> Canto quel grand' eroé, re della Gallia.
> Che per conquista, e per suo reggio sangue
> Che apprene a Governar d'al fato averso,
> Perseguitato, Vense, et perdono,
> Mayenna sperse, la lega et l'Ibero;
> E vincitor fu de soggetti, e padre.

Tandis que des Français s'efforçaient de prouver que la Henriade était un mauvais poëme, on la traduisait en anglais, en allemand, en espagnol et en latin. Cette dernière version est une des moins belles; elle trouva aussi un *Scarron* qui la travestit en vers burlesques.

FIN.

TABLE

DES MATIÈRES.

Notice sur M. Collini. Pag. i
Préface de l'Auteur. xiij
Mon séjour auprès de Voltaire. 1
Lettres de Voltaire à Jean Néaulme, libraire à la Haye. 125
Lettres de Voltaire, à dom Calmet, abbé de Senones. 131 — 132
Lettres de madame Denis à M. Collini. 154
Lettres de Voltaire au même. 161
Lettres écrites à M. Collini, par Voltaire, depuis leur séparation en 1757, jusqu'en 1778. 205
Notes et pièces inédites. 239
Lettres de Voltaire au comédien Lanoue. 349
A mademoiselle Dumesnil. 364
Lettres à M. l'abbé Gaultier, et protestation de Voltaire, à l'article de la mort. 366

FIN DE LA TABLE.

www.ingramcontent.com/pod-product-compliance
Lightning Source LLC
Chambersburg PA
CBHW052039230426
43671CB00011B/1710